JN410240

이기란 산문집

호주에 심은 무궁화

호주에 심은 무궁화

이기란 산문집

1판 1쇄 인쇄/ 2018년 4월 15일
1판 1쇄 발행/ 2018년 4월 20일

지은이 / 이 기 란
펴낸이 / 우 희 정
펴낸곳 / 도서출판 소소리

등록 / 제300-2007-21호
주소 / 03073 서울 종로구 성균관로 5길 39-16
전화 / 765-5663, 010-4265-5663
e-mail: sosori39@hanmail.net
www.sosori.net

값 13,000 원

*잘못된 책은 바꿔드립니다.

ISBN 979-11-5891-121- 8 03810

호주에 심은 무궁화

이기란 산문집

책을 내며

'나무는 옮기면 죽고 사람은 옮겨야 산다.'는 속담이 있습니다. 나무에게 한 곳에 깊이 박혀 내릴 수 있는 뿌리가 있다면 사람에겐 움직일 수 있는 두 다리가 있으니, 견문을 넓혀서 자기에게 맞는 세상을 찾아 선택해서 살라는 의미가 아닐까요?

북반구에서 남반구로, 서울이란 대도시에서 작은 도시 브리즈번으로 다른 나라 낯선 문화에 뿌리내리고 아이들을 키우며 15년이란 세월이 흘렀습니다.

기러기 부부와 유학생 남매의 드라마가 『호주에 사는 동안』이라는 책으로 나온 지 3년. 아이들을 호주 땅에 심어주면 그 그늘 아래 편히 쉴 수 있을 줄 알았는데 아니었습니다.

두 아이를 키워내고 빈 둥지에 남은 갱년기 여성. 이제야 오롯이 호주 대륙과 마주하며 나만의 홀로서기를 설계해 봅니다. 조국에 있었으면 빈 둥지를 채워줄 수 있을 소중한 사람들이 없는 이국 땅. 결국은 나 자신도 좌충우돌하며 이 거대한 땅에 홀로 뿌리 내려야만 한다는 것을 실감하고 있습니다.

자녀양육을 졸업한 엄마로서, 사랑하는 남편과 황혼 길을 동행할 아내로서, 하루 하루 주님께로 다가가는 자녀로서, 사랑하는 이 호주 땅에 어떤 뿌리를 내려야할까 생각해봅니다.

시냇가에 심겨진 나무 같이 시절을 따라 열매가 풍성한 나무가 되고 싶습니다.

박토에서도 잘 자라는 감람나무의 올리브기름이 되어 여러 나라 사람들 사이에서 그리스도의 향기를 뿜어내고 무성하지만 화려하지 않은 무화과나무의 그늘이 되어 상처 입은 이웃을 쉬게 하며 자신의 열매로 생기를 주는 포도나무가 되어 사회에 봉사하며 살고 싶습니다.

한여름, 호주에는 세상에서 제일 크고 화려한 나무 포인시아나가 거리마다 새빨간 정열의 꽃을 하늘 높이 피워 올리고 있습니다. 외로운 이국땅에 뿌리 내리며 피워내는 평범한 아줌마의 이야기꽃이 포인시아나 그늘 아래의 싱그러운 향기처럼 독자들에게 평화와 안식이 되기를 바랍니다.

격려해주신 소소리출판사의 우희정 사장님과 성춘복 시인님께 감사드리고 응원해준 가족들에게도 감사함을 전합니다.

▶ 차 례

▶ 책을 내며

1.

2.

3.

4.

1.

샤론의 장미

내가 꽃을 좋아하는 줄은 나도 몰랐다. 어머니는 꽃을 좋아하셨다. 그래서 나는 결혼하기 전까지 상당히 넓은 정원을 가진 집에서 여러 가지 꽃나무들을 그저 흔하게 보며 살았다.

봄이 오면 꽃집에서나 귀하게 팔리던 튤립이나 수선화들이 예쁘게 잔디밭 위로 봉오리를 내밀었지만 무심히 지나쳐 다녔다. 지금은 가슴 속에 그리움으로 남아있지만 담을 훌쩍 넘게 자라는 철쭉나무의 계란 노른자 같은 고운 색 꽃들도 그때는 늘 보는 식구처럼 무덤덤하였다. 철철이 제 나름대로 멋을 부리던 많은 꽃나무들이 어린 시절을 아름다운 배경으로 채색하고 있었는데도 잡초를 뽑는 일은 다른 사람의 몫이었고 언제 잔디밭에 제초제를 뿌리는지 어느 때 큰 나무들에 비료를 주는지 나와는 상관이 없는 일이었다.

그러던 나의 무심한 마음속에도 꽃을 가꾸시던 어머니의 핏줄이 움트고 있었나 보다. 호주에 와서 처음 이사 온 집, 다

좋았지만 초록색 잔디로만 채워진 뒷마당만은 만족스럽지 못했다. 1년 후면 떠날 곳이었고 잔디를 훼손하여 벌금을 많이 물었다는 아줌마들의 이야기도 들었다. 하지만 나도 모르는 새에 작은 꽃 묘목을 하나 사다가 잔디를 파내고 뒤뜰에 심고 있었다. 처음으로 내 손에 잡혀와 집 뒤뜰에 심겨진 것은 노란 무궁화였다. 나는 어디에서나 애국자이니까. 탐스런 복숭아 색깔과 너무 흡사해 우리 가족은 이 작은 무궁화나무를 복숭아라고 불렀다.

호주를 떠나려던 1년이 흐르자 나무는 상당히 많이 자랐는데 우린 호주를 떠나는 대신 그 집을 떠났다. 사실 나는 그 1년간 뒤뜰의 잔디를 다 훼손하고야 말았다. 물 밖에 주는 게 없는데도 무럭무럭 자라주는 무궁화를 보며, 이런 것이 농부의 보람이구나! 뒤늦은 깨달음에 무릎을 치면서 이것저것 다른 꽃나무도 사다 심었기 때문이다.

결국은 어느 날 뒷마당의 잔디가 다 없어지고 꽃밭이 되어 있는 것을 매니저에게 들키고 말았다. 잔디를 원상 복귀시키라고 할 줄 알았던 이 매니저 아저씨도 나처럼 꽃을 사랑하는 분이셨던지 앞마당에도 손수 더 많은 꽃을 심어주셨다. 그래서 마흔다섯 집이 있던 단지 안에서 우리 집 앞뜰만 유일한 꽃밭이 되고 말았다.

이사를 가면서 그렇게 탐스럽던 꽃밭이지만 남의 집인 이상

다 가져갈 수는 없고 뒤뜰의 무궁화만은 남겨두고 갈 수도 없었다. 그래서 상당히 큰 화분을 사다가 옮겨 심어 데리고 갔다. 매니저 아저씨도 그것만은 이해해 주셨다. 많이 자란 무궁화를 빼내고도 다른 꽃나무들이 빈자리를 아름답게 채워주고 있었기 때문이다.

새로 이사를 온 집도 역시나 새로 지은 렌트 집이라, 마당은 오직 초록 잔디뿐. 결국은 다시 새 매니저에게 잔디를 좀 파내겠다고 양해를 얻은 뒤 우리의 무궁화를 심었다. 또 1년 반이 흘러 이 집이 팔리는 바람에 우리는 옆집으로 다시 이사를 가게 되었다. 여기서도 언제 그랬는지 잔디를 야금야금 파먹고 꽃들이 들어서서 은근히 꽃밭이 되어 있었다. 그러나 이번만큼은 더 많이 자란 무궁화를 옮겨 갈 수가 없었다. 집을 산 할머니가 집을 보러 올 때부터 내 화단을 너무나 마음에 들어 했기 때문이다. 어쩌면 이 꽃밭 때문에 집을 산 것이 아닐까? 착각을 할 정도로 보러 올 때마다 할머니의 눈길은 늘 화단에서 떨어질 줄을 몰랐다.

아마 멀리 모르는 곳으로 이사를 갔다면 다른 것은 다 놔두고라도 무궁화만은 다시 옮겨 가지고 가 심었을 텐데. 바로 옆집 이웃이 되면서 무궁화나무를 바라보던 할머니의 그 간절한 눈빛을 저버릴 수는 없었다. 내가 심었으니 분명 내 것이었고 잔디만 새로 덮어주면 법적인 문제도 없었겠지만.

할머니가 이사를 들어오고 이웃인 나를 처음 초대한 날. 제일 먼저 손을 끌고 간곳은 무궁화나무 앞이었다. 할머니는 무궁화나무 아래에 소중하게 묻은 플라스틱 통 하나를 보여주셨다. 위에 Ray Briffa라고 쓰여 있는 것은 바로 할머니 다이앤의 남편 이름.

할머니는 5년 전에 죽은 남편의 유분을 이 통에 넣어 그 전 집의 마당 제일 중앙에 있는 꽃나무 아래에 간직하고 있었단다. 그래서 이사를 오면서는 남편을 묻을 꽃나무부터 물색을 하고 있었던 것이다.

누군가 말했다. '우리가 사는 이 지구 위에 한 뼘의 꽃밭이라도 만들었다면 이 세상에 태어난 보람이 있는 것.'이라고.

어린 묘목을 심어 이만큼 키운 우리나라 꽃 무궁화가 이 할머니가 평생 사랑했던 한 영혼의 그늘이 되어주고 있다는 것은 얼마나 아름다운 일인지.

다이앤 할머니는 죽을 때까지 남편의 유분을 보관했다가 자기의 유분과 함께 섞어 바다에 뿌리라고 유언을 해 두었단다. 남편의 얘기를 할 때마다 아직도 눈물이 맺히는 다이앤 할머니.

무궁화는 영어 명으로 Rose of Sharon. '샤론의 꽃, 예수'라는 찬송가에 나오는 바로 그 치유의 꽃이다. 내가 3년 전 선택해 뒤뜰에 심었을 때 무궁화나무는 이미 사랑하는 이를 잃은 다이앤 할머니의 아픔을 치유하는 향기로운 꽃이 되도록 예정

되어 있었던 것일까?

나는 이제 언제 어디서건 무궁화 꽃만 보면 결혼하기 전까지 평균 열네 명의 파트너를 바꾼다는 호주사람 가운데에도 이런 순애보의 주인공이 있음을 떠올리게 될 것이다.

- 2009년 퀸슬랜드 문예대전 수필 당선작

빨랫줄에 걸린 평화

오늘은 이른 아침부터 햇볕이 좀 따갑다.

빨래 바구니를 바퀴 달린 밀개에 올려놓고 빨래걸이를 향해 종종걸음을 내딛다가 차분히 마음을 가다듬는다.

'오늘도 한 폭의 예술작품을 만들어보자.'

뒷마당에 빨래를 널 때면 늘 두 가지 상념이 하나로 겹쳐지며 허둥지둥하던 몸가짐을 조용히 바로잡아 준다. 호주에 처음 정착하고 얼마 후의 일이다. 그때는 두 집이 하나로 붙어있는 형태의 이층짜리 월세집에 살고 있었다. 이층의 아이들 방을 청소하려고 아침마다 창을 열면 옆집 마당의 빨래걸이가 항상 놀라운 눈길을 사로잡았다. 그것은 널려있는 빨래들이라기보다는 오히려 전시되어있는 미술품이었다. 한 줄은 빨강색, 한 줄은 흰색, 또 한 줄은 검은색. 그렇게 빨래들은 같은 색깔 끼리 또는 같은 종류끼리 끼리끼리 모여서 오손도손 사이좋게 아름답게 매달려 휘날리고 있었다. 물론 어느 날은 초록색 빨래집

게를 꽂은 노란색 수건끼리, 파란색 집게를 꽂은 회색 양말끼리, 무늬들이 아름다운 아주 큰 수건끼리….

매일 그 기막힌 작품들을 감탄하던 나는 도저히 더는 참을 수 없어서 어느 날 그 집 문을 두드리고 인사를 건넸다.

"빨래를 진짜 예술로 거시는데 누구 작품인가요?"

조각처럼 예쁜 그 집 첫째 딸, 머리도 좋은지 질문의 의도를 정확히 파악하고 하는 말.

"빨래는 번갈아 가며 걸지만, 원래 그렇게 걸도록 가르친 건 엄마신데요."

나는 내가 매일 얼마나 그 빨래들을 흥미롭게 감상하는지 침이 마르도록 칭찬하고 돌아왔다. 그 후 흉내를 내려고 시도해 보았지만, 빨래가 많지 않아서인지, 같은 색깔끼리 모으려는 인내가 부족함인지, 도저히 만족스런 작품이 탄생하지 않았다.

그즈음 나는 매일 하교하는 아이들을 차 안에서 기다리는 일에 몇 십분씩을 보내며 그 따분함을 류시화 시인이 번역한 명상에 관한 책으로 겨우 달래고 있었다.

명상의 요점은 '바로 지금을 살라'는 것이었다. '걸을 때는 걷는 것에 집중하라' 걸어서 어디로 가려는 것이 아니다. 빨리 가서 무엇을 하려는 것이 아니다. 그저 걷기만을 위해 걷는 것이다. 호흡을 가다듬고 평화로운 걸음을 즐기면서 걷는다. 그 가르침은 아주 쉽고도 평범한 것 같았지만, 수많은 똑같은 교복의 아이들 속에서 내 아이 얼굴을 초조하게 찾아 헤매야 하는 일을 매일 반복되는 악몽으로 여기던 엄마의 가슴엔 오랜 가뭄 끝에 맛보는 사막의 오아시스 같은 한 줄기 시원한 단비였다.

'기다릴 때는 기다림을 즐긴다.' 그 연습을 시작하자 신기하게도 더 이상 엄마의 눈동자는 이리저리 무질서하고도 조급하게 허둥거리지 않았다.

초연하고 평화로우면서도 행복하게 그리고 아름답게, 엄마 차를 찾아오는 아이를 맞이할 수 있게 되었던 것이다.

그 가르침을 여기저기 감동스럽게 적용해 보는 시간이 흐르자 드디어 내 빨래걸이도 미숙하나마 하나의 예술작품으로 탄생하기에 이르렀다.

그랬다. 옆집 식구들은 그 깨달음을 스스로 깨우쳐 실행하고 있었던 것이다. 빨래를 널 때, 수건은 수건대로, 양말은 양말대로, 팬티는 팬티대로 옹기종기 아름답게 모아서 단정히 배치해 가며 고요한 마음으로 작품을 만들려는 성의를 다 기울여보는 것이다. 이렇게 하는 것이 상당한 시간낭비일 것 같지만 전혀 아니었다.

아마도 약간의 시간은 더 들 수 있다. 그러나 '아 귀찮아 이 햇볕 아래서 눈 찡그리며 빨래들을 널어야 하다니. 얼른 해치우고 다른 일을 해야 하는데….' 이러면서 대충 대충 부리나케 빨래를 널 때라면 전혀 맛볼 수 없는 마음 속 깊은 곳에서 우러나는 진한 평화를 느낄 수 있는 것이었다. 점점 더 커져가고 있는 아들의 양말이 주는 행복도 작지 않으며, 딸의 티셔츠 위에 웅크리고 있는 고양이가 사랑스럽기도 하고 남편의 외출용 와이셔츠는 귀하고도 감사하다. 그리고 이런 작품들을 집안 곳곳에 만들어낼 수 있는, 아니 언제 어디서나 창조해 낼 수 있는 나 자신에게도 깊고 감사한 만족감이 밀려온다.

햇볕이 오늘 같이 화창하고 바람 또한 살랑살랑한 날은 내 작품이 더 바삭바삭하고 눈부시게 휘날리며 말라갈 것에 또 다른 행복감을 느끼며….

관광가이드의 묘기

11월말에 긴 여름방학을 시작하는 호주는 12월 중순부터 1월 중순까지 가운데가 사막인 대륙처럼 텅 비어버린다.

관공서고 학교고 크리스마스 휴가로 쉬는 틈을 타서 모두들 더위를 피해 어디론가 날아 가버린다. 그중에서도 한국사람들이 단연 빠르다. 언제든 '빨리 빨리 남보다 먼저'에 습관이 되어있어 방학식도 빼먹은 채 한국으로 날아간다. 경험이 없어서 비행기 표를 미리 구하지 못했던 시절. 남보다 미리 해보겠다고 잔머리를 굴려 9월에 전화를 했더니, 이미 8월에 웬만한 표는 매진. 그래서 최고로 빠른 표가 방학하고도 1주일 후였다.

40도를 오르락 거리는 가마솥 브리즈번은 호주대륙 한가운데 솟아 있는 에어즈 락(Ayers Rock: 호주 Nothern Territory 에 있는 거대한 바위 산)처럼 조용하다. 그래서 이 짬을 이용해 바로 옆 나라 뉴질랜드로 피서를 가기로 한 것이다.

뉴질랜드는 얼마 전까지만도 호주와 한 나라처럼 지냈다고 한다. 뉴질랜드 시민에게도 호주 시민권자에게처럼 모든 혜택이 주어지던 시절도 있었는데 사람이 없고 지진이 잦은 뉴질랜드 사람들이 큰 대륙 호주로 몰려들다 보니 요즘은 호주에서도 선을 딱 긋고 외국인 취급인가 보다. 그때에 뉴질랜드에서 호주로 다시 이민 온 한국 사람들을 '뉴포'라고 부르는데 여기서 만나는 교민들 서너 명 모이면 한 사람은 뉴포일 정도다.

호주에 산다면 어차피 한 번은 가봐야 하는 곳이 뉴질랜드다. 비행기로 3시간 반 만에 북섬의 오클랜드에 도착했다. 남편의 치밀한 여행계획대로 렌트한 차를 몰아 타우포, 로토루와 등의 전형적인 관광코스들을 구경했다. 로토루와는 화산지대인데, 연기가 나는 유황 온천이라면 일본에도 있고 부글부글 끓는 연못은 미국의 옐로우스톤이 원단이라 그다지 큰 감흥이 없었다. 뉴질랜드는 호주와 별다를 거 없다고 들었는데, 무섭게 생긴 원주민 마오리족이 유독 눈에 많이 띄었다. 전 세계적으로 거의 똑같은 맥도날드 햄버거집도 오클랜드에선 마오리 풍 실내장식에 마오리족 직원이 서빙을 해주었다. 순해 빠진 호주의 애보리진(원주민)과 달리 마오리족은 성질이 무서워 호주처럼 영국에게 나라를 순순히 다 뺏기지 않고 아직 주권을 많이 행사하고 있으며 아직도 땅을 되찾기 위한 소송들이 진행 중이라고 한다.

우리는 하루 저녁 마오리족의 전통 디너쇼에 참석하기로 했다. 표를 사고 기다리려니, 가이드가 나타나 자기 버스에 타는 관광객을 일일이 체크하고 있었다. 물론 줄 선 모든 사람의 이름을 하나씩 확인하고 악수하면서. 정확하게 오후 5시가 되자 가이드는 곧 운전수로 변신하더니 버스를 출발시켰다. 마오리족인지 아랍 계통인지 스페인계인지 너무나 알쏭달쏭하게 생긴 뉴질랜드 가이드. 재미있는 우스갯소리를 해가며 차가 지나가는 주변의 경관에 대한 안내를 해가며 꼬불꼬불 산길로 차를 몬 지 30분. 우린 어느새 한적한 산속의 마오리 부락에 당도해 있었다.

마오리족은 아직도 아무나 자기 부락으로의 근접을 금하고 있다나? 그래서 우리 관광객들 중 건장한 남자 몇 명이 뽑혀, 그들의 의식대로 시험을 당했고, 나머지는 그 광경을 엄숙하게 지켜 봐야했다. 시험이라는 게 마오리 중 가장 무섭게 생긴 대장이 나와 특유의 부라리는 눈으로 혀를 날름거리며 위협할 때 웃지도 않고 도망가지도 않고 가만히 서 있어야 하는 것인데, 차 안에서 절대 웃으면 안 된다는 교육을 철저히 받지 않았더라면 과연 웃겨서 참을 수가 없는 지경이었다. 하여튼 이를 악물고 그 순간을 버텨내고 시험에 통과한 우리 일행은 드디어 마오리 마을 안으로 안내되었다. 그리고 횃불 아래서 그들의 춤과 노래를 감상하고 그들이 만들어준 음식을 먹고, 재현하고 있는 전통 생활을 엿보고 더러 함께 사진도 찍고… 마오리 전통 쇼는 하와이안의 전통 쇼만큼 세련되지도 예술적이지도 않았지만. 그들 나름대로의 순박미와 개성이 있어서 그런대로 만족할 만 하였다.

일행이 다시 버스에 올라타고 이제 캄캄한 별밤을 달려 호텔로 들어가기만 하면 오늘의 관광코스가 끝이었다.

아! 그런데 웬일인가? 가이드가 다시 마이크를 잡더니, 귀가 프로그램을 시작하겠다는 것이 아닌가? 이렇게 어두운 캄캄한 산길을 그냥 운전만 하는 것도 신경 쓰일 텐데….

이런 걱정도 잠시. 우리는 진행되는 그의 프로그램에 정신을 잃고 말았다.

그는 우선 맨 끝에 타고 있던 관광객의 이름을 부르더니 오늘 밤 좋았냐고 인사를 건넨 뒤, 너는 영국에서 왔으니 영국의 유행가를 하나 하면 어떻겠냐고 권유하였다. 승객이 머뭇거리자 자기가 한 곡을 추천했다. 그리고 마이크를 잡은 채 운전을 하면서 그 영국 유행가를 끝까지 함께 불렀다. 그래서 '아하, 어느 나라 사람인가 했더니 특이하게 생긴 영국 사람이었구나.' 라고 생각하고 있었더니 다음은 독일커플, 프랑스가족, 헝가리 아가씨들, 러시아에서 온 노부부 이렇게 뒤에서부터 앞으로 앞으로 앉은 순서대로 승객들의 국적과 이름을 다 알아서 불러내어 그 나라의 유행가나 민요를 함께 부르는 것이었다.

아니, 어떻게 대형버스 하나 가득한 그 많은 승객들의 이름을 모두 외웠단 말인가? 언제? 떠나기 전 버스표 체크하면서? 어느 나라에서 왔는지까지? 그리고 그 나라의 노래들은 어떻게 다 알아서 함께 부른단 말인가? 언어도 다 틀리는데… 세계 각국의 언어로 불려지는 노래들이 늘어날수록 놀라서 딱 벌어지는 입도 더 커지며 턱이 빠질 지경이었다.

우리를 깜짝 놀래키려고 다른 승객들과 짠 쇼는 아닐까? 실로 놀라운 일이 아닐 수 없었다. 그 다양한 노래들을 그 많은 언어로….

드디어 마지막으로 우리 차례가 되었다. 우린 항상 부지런해서 맨 앞자리에 앉았고 유일한 동양인 가족이었다.

발음도 어려운 우리 네 식구의 이름을 정성스레 다 부르더니 "너네 가족은 한국사람이니까 '사랑해 당신을'을 부르던지 '아리랑'을 부르자."라고 말하는 거였다. 아리랑은 자기가 좋아하는 한국 민요라고 했다.

"나를 버리고 가시는 님은 십리도 못가서 발병난다."

이렇게 끝까지 발음도 정확하게 목청껏 함께 한국 노래를 불렀다.

처음엔 우리들이 일본사람 같이 생겨서 '사요나라'라는 일본노래로 마지막을 장식하려고 했었는데 "아리랑이 더 헤어짐에 알맞은 노래며 참으로 아름답다."라는 말로 모든 프로그램이 끝났다.

아직 호텔촌은 아닌데, 버스는 속도를 급히 줄이더니 텅 빈 라운드어바웃(동그랗게 생긴 사거리)을 계속 빵빵 두 번 돌았고(버스의 작별인사라고 했다) 어떤 일행을 불러서 그들 집 앞에 내려주었다. 누구집이 어디 있는지는 또 어떻게 안 거야?

우리는 놀라서 서로의 얼굴을 마주보며 우리가 묵을 호텔 앞에서 버스를 내렸다. 물론 다른 사람들처럼 가이드와 일일이 코 마주치기 인사를 한 다음.

신기한 요술 쇼 같았다. 저렇게 머리 좋은 사람이 왜 저런 일을 하고 있을까? 무슨 기억법을 터득했기에 그 많은 사람들의 이름을 다 외웠을까? 어느 나라 사람이기에 다양한 언어를 할 수 있는 걸까? 세속적인 의문들이 꼬리를 물었다.

여행가이드들도 많이 만나봤지만, 평생 잊을 수 없도록 멋진 가이드였다. 뉴질랜드의 어떤 관광지보다 더 감탄스러워 잊을 수 없는 사람.

너무 충격적이어서 그만 그의 이름을 잊어버린 것이 매우 안타깝다.

호주의 지폐

세탁기에서 빨래를 다 꺼내고 보니 20불짜리 지폐 한 장이 빳빳하고 깨끗하게 세탁되어 남겨져 있다.

문득 한국의 세탁기에 남겨졌던 동그랗게 뭉쳐진 찰흙덩이, 한국 돈 생각이 났다. 작은 그 종이 찰흙덩이의 색깔이 희끗희끗하면서 초록빛을 띠면 만 원짜리였었지.

어쩌다 곱게 접어 주머니에 넣어뒀다가 세탁되었던 돈은 찢어지지 않게 두 쪽을 조심조심 떼어내어 다리미로 다리거나 햇볕에 말렸었지. 찰흙덩이로 내버리지 않아도 됨에 감사하며.

왜 세탁 전에 주머니들을 완벽하게 검사하지 못했나, 애들이나 아빠는 왜 옷을 벗어내기 전에 만원이나 되는 귀중한 돈을 주머니에 남겨둘 수 있었나. 그런 후회들로 한숨 쉬며.

얼마 전 인터넷 뉴스에서 본 오천 원짜리 한국 지폐에 대한 기사도 생각났다. 위조가 너무 쉽고 물이 묻으면 인쇄가 지워진다나? IT강국이며 제1의 대형 스크린 제조국인 한국의 지폐가? 그 기사에 달린 댓글들도 재미있었는데, 귀중한 돈에 왜 물을 묻히냐는 둥, 돈 빨았더니 다 지워져서 얼마짜리인지 안 보인다는 네티즌 글엔, 돈을 빠는 당신이 잘못이라는 둥.

세계 최강국 미국은 또 왜 그리 위조지폐 때문에 골머리를 썩이고 있는가? 동맹국인 호주에게 절대 위조할 수 없는 화폐 제조법이나 진작 배울 것이지.

호주로 오기 전, 환전할 때 처음 만난 호주의 지폐는 참 신기했었다. 보통의 다른 나라 지폐들과는 달리, 종이가 아니라 비닐 같은 질감이었고 고상한 색과 무늬에 그 의미를 신중하게 그려 넣은 다른 나라들의 화폐와 달리 현란한 색감이 아이들의 소꿉장난 돈처럼 유치해 보여서 비싸지 않은 인상이었다.

이제 항상 내 지갑 안에 골고루 자리하고 있는, 예쁜 꽃봉오리 5불, 파란색 바다 10불, 정열의 태양 20불, 노랗게 물든 황혼의 백사장 50불, 그리고 호주의 초록 산 100불.

호주의 지폐는 광택이 반질반질하고 얇은 플라스틱이다. 한쪽 하단에는 투명한 비닐 위에 무지갯빛 홀로그램 무늬가 복제할 수 없다는 독특한 정체를 드러내며 작은 구멍처럼 남겨져 있다.

아마 이런 어렵고도 비싼 장치들 때문에 호주의 지폐는 위조할 수 없는 똑똑한 돈으로 세계의 지폐 시장을 선도하고 있나 보다.

여름이 엄청 덥고도 긴 이 나라는 세탁물이 많을 수밖에 없다. 매일 두 통씩도 빨래를 하는데, 다 된 세탁물 사이에서 심심찮게 공돈을 발견한다.

한국 같으면 벌써 버려진 돈이 얼마며, 그럴 때마다 쿵쿵 떨어진 간이 얼마며, 칠칠치 못한 자신에 대한 실망감 또한 얼마였을까?

다행히 아무리 뜨거운 물에 세탁을 오래 해도 더 깨끗하게 빨아지고 수영을 한 후에도 원상 복귀되는 획기적인 지폐를 발행해준 호주사람들 덕에 행복하게 공돈 발견을 즐기고 있다.

받을 때나 줄 때나 항상 기분 좋게 새 돈인 지폐들이 오늘도 지갑 속에 총천연색으로 가지런히 담겨져 있다.

새들의 천국

새가 없는 나라도 있을까? 아프리카 사막에도 말라서 죽은 동물의 시체 위를 유유히 맴도는 매나 독수리가 있을 것 같다.

"호주는 새들의 천국이야."

공원이나 동네를 산책할 때마다 남편과 내가 하는 말이다. 이유가 뭘까? 우선, 호주엔 작고 예쁜 새들의 천적인 수리나 매 같은 맹금류가 적다. 멀리 다른 대륙에서 아직 남반구까지 날아올 필요를 못 느꼈는지, 호주가 날아올 수 있는 능력 밖의 거리인지는 확실치 않으나, 그런 무서운 새들이 날아오지 않는 호주대륙에서 작은 새들은 평화롭게 기를 펴고 살아나가는 것이다. 기껏 큰 새라면 고작 까마귀나 펠리칸 등이니까. 물론 사는 무대가 틀리다 보니 까마귀들도 한국 까마귀보다 두 배는 크다. 날마다 우리 집 마당은 새들의 공연장이 된다. 그래서 새벽 다섯 시 정도부터 노래하기 시작하는 갖가지 새들에게도 어떤 패턴이 있다는 것을 조금씩 알아가고 있다.

레인보우 패럿은 이른 아침에 무리를 지어 놀다 가고, 저녁 즈음에 다시 한 번 나타나 먹이를 잡는다. 노란 부리 새는 좀 늦은 아침부터 하루 종일 마당에 날아왔다 어디론가 날아갔다 한다.

하얀 홍학처럼 생긴 긴 부리 아이비스는 담장에 앉는 적은 별로 없고 시도 때도 없이 잔디밭에서 뒤뚱뒤뚱 걸어 다닌다.

노란 족두리를 쓴 하얗고 큰 앵무새는 보기엔 예쁘지만 돼지 멱따는 소리로 꺼억꺼억 울어대면 정이 뚝 떨어진다.

외로운 새 쿠커바라는 꼭 담장에 혼자 앉아서 한참, 아주 한참 무슨 생각인지에 잠겨있다.

아이들을 학교 보내고 간만에 고요를 즐길라치면, 지붕에 까마귀 내려앉는 소리가 쿵쿵 들린다. 그러나 호주 까마귀는 덩치만큼 양보심도 크다. 마당에서 새들을 관찰하다 보면 던져준 빵 부스러기를 쪼아 먹고 있는 작은 새들을 물끄러미 바라보며 곁에서 침만 삼키고 있는 까마귀들. 측은해서 아주 큰 빵 조각을 던져주면 겸연쩍은 듯 슬슬 걸어와서 먹이를 물고 조심스레 날아간다. 그들은 지천에 널린 두꺼비나 개코(작은 도마뱀)를 먹고 살 수 있어서인지 그다지 게걸스럽지 않다.

비둘기를 꼭 닮은 생김새에 머리엔 족두리를 쓰고 있는 새들도 있다. 날아갈 땐 꼬리를 흔들어 신기하고 아름다운 방울 소리를 낸다.

둘째는 풍부한 먹잇감이다. 벌레천국 또한 호주이니, 얼마나 먹이가 풍족하랴? 다양한 꽃나무들의 열매나 꽃들도 먹는다. 우리 집에 늘 오는 노란 부리 새는 내가 심어서 삼년이나 기르고 있는 무궁화 꽃을 어찌나 좋아하는지. 갖가지 색깔의 솔방울이 주렁주렁 열리며 지붕 위까지 크게 자라는 나무들도 흔한데 이 방울들은 무지개 빛깔을 하고 있는 작은 앵무새들이 좋아하는 먹이이다. 이런 솔방울 나무마다에는 어김없이 예쁜 앵무새들이 무거울 정도로 가득 매달려있다.

셋째는 얼어붙는 추위가 없다는 점이다. 추워서 따뜻한 남쪽 나라로 찾아가야 하는 고생이 없으니, 얼마나 편하게 평생을 즐기는 것이랴? 담장에 쓸쓸히 혼자 앉아 가분수 머리로 생각에 잠겨 있는 쿠커바라가 무슨 고민이 그리 많은지 이제 알 것 같다. 너무 스트레스가 없어서 무료한 것이 고민거리인가 보다.

어쨌든 40여 년 동안 한국의 동물원에서나 봐온 새보다 훨씬 많은 새들을 요즘 앞마당에서 보고 있다.

그런데 진짜 재미난 것은 호주의 애완동물 가게에서 새장 속의 새를 판다는 것이다. 하긴 눈만 들면 잔디밭인 호주에서 잔디도 많이 팔긴 판다.

남편이 늘 하는 유머는 새장만 산 다음 온갖 새들을 쌍쌍으로 다 잡아서 기르자는 것인데, 요즘엔 한술 더 떠서 우리 집 마당에 오는 새들을 계속 잡아서 아예 애완용 새들로 수출을 하자고 한다.

앞마당에 날아오는 새들을 잡아 다른 나라로 수출하는 새 장사 부부가 되자고?

골드코스트에 있는 어느 학교에 갔을 땐, 교정에 유유히 노니는 펠리칸들을 처음 보고 진짜 놀랐다. 사진에서 보던 것 보다 아주 커서 한국 아줌마가 스스럼없이 가까이 가기에는 좀 버거운 키였다. 바닷가에서 과자나 아이스크림을 먹다간 빨간 눈동자를 먹이에 집중하며 서서히 다가오는 갈매기 떼에게 포위당하기 십상이다.

처음 왔을 땐 새소리가 시끄러워 새벽잠을 설쳤는데, 이젠 그 노랫소리가 어느새 새벽 자장가가 되었다.

시드니로 가는 길

브리즈번에서 시드니까지 900㎞. 운전을 하면 12시간 거리. 고속도로를 100㎞씩 달리면 9시간에 갈 수 있지 않을까? 조금 무리를 하면 하루에 너끈히 갈 수도 있을 것 같은데…. 아니었다.

호주의 고속도로는 한국보다 못해서 중간 중간은 아예 국도 수준이고 좀 가다보면 또 공사, 또 공사. 이럴 때마다 속도를 60이나 40으로 줄여서 거북이걸음이니 마음은 시드니에 도착한 지 한참인데 출출한 배도 채워야지 피곤한 눈도 쉬어줘야지 하다보면 운전대 잡는 시간만 꼬박 12시간 이상. 하는 수 없이 대부분 사람들이 하듯 우리도 이틀에 걸쳐서 시드니로 갔다.

비행기타면 두 시간 만에 날아가지만 우린 미국에서도 보통 15일씩 차타고 돌아다닌 여행 경험이 있는지라, 호주의 자연도 음미해 보고 싶고 가면서 휴게실에서 쉬는 즐거움도 느껴보자고 차로 떠났다.

호주는 한국같이 맛있고 멋진 휴게소가 없었다. 미국같이 깔끔한 쉼터도 없었다. 갓길도 없고 중앙분리대 없는 구간이 더 많은 시골길 같은 고속도로다. 브리즈번 쪽에서 골드코스트까지와 시드니 가까운 쪽은 중앙분리대가 있는 고속도로다운 길이었지만 나머지는 아니었다. 쉬는 곳이라곤 간이화장실 달랑 한 개있는 그냥 빈터. 그래서 가까운 도시로 들어가 패스트푸드를 먹으며 쉬어야 했다.

그래도 달리는 차창 밖을 바라보면 바라볼수록 호주는 참말로 축복받은 나라였다. 끝없이 펼쳐지는 초원, 한가로이 노니는 소떼, 말떼, 양떼들. 같은 소라도 한국의 사육농가에 태어나지 않고 호주의 초록 들판에 태어난 소는 얼마나 평화롭게 녹음을 즐기며 살다가 죽나? 누가 한우를 제일이라고 했던가? 스트레스 없이 맑은 하늘 아래 푸른 강가에서 평생 한가로이 싱싱한 풀을 뜯는 호주 소가 백배는 더 좋은 고기일 거다.

퀸즐랜드 주를 지나 뉴사우스 웨일즈 주로 내려가니 여긴 더 좋다. 몇 분에 한 번씩 펼쳐지는 맑고 푸르른 강줄기를 보며 나 혼자 감탄 연발이다. 파란 물이 찰랑찰랑 넘실대는 강들은 어쩌면 그렇게도 많이 여기저기로 흘러가는지… 군데군데 작은 연못이나 호수들도 어쩌면 그리 투명하고 맑은 물을 담고 반짝거리는지. 이거야말로 황홀경이 아닌가?

"한국 같으면 벌써 유원지 되어 양쪽 강가에 음식점 빼곡하겠지?"

몇 번이나 똑같이 중얼거렸을까? 사실 그랬다. 그러나 여긴 그냥 방치된 풍경화일 뿐이었고, 그 맑은 강줄기 옆 푸른 녹음 우거진 초원에 노니는 것도 그림 속의 한가로운 소나 말들뿐이었다. 그래서 너무나 너무나 호주의 자연이 부러웠다.

몇 시간만 가다 보면 도로는 어김없이 바닷가에 와 있었다. 카메라만 들이대면 전부 유명 관광지, 영화의 명장면, 비경이 펼쳐진다.

아름다운 해변, 짙푸른 바다 위에는 화보 같이 새파란 하늘에 흰 구름이 두둥실 떠 있고 신록이 펼쳐지는 공원에는 펠리칸이나 갈매기들이 한가로이 선탠을 하고 있다.

"우리나라 같으면 벌써 모텔이나 호텔이 한 집 건너에 하나씩, 땅 투기하느라 부동산 간판이 즐비하겠지." 부러움이 시샘되며 나의 독백은 계속 이어졌다.

그렇지만 여긴 이런 넋두리조차도 들어줄 이 하나 없는 고요한 산수화. 자연이 자연답게 사람 손을 타지 않고 남아있는 호주.

그래서 시드니로 가는 길은 지루하지 않았고 탐났고 아름다웠던 또 하나의 길고 긴 관광코스였다.

나의 친구, 공원

공원이라면 사람들은 어떤 모습을 떠올릴까? 와이오밍, 아이다호, 몬타나 등의 세 개 주를 깔고 앉은 옐로우 스톤처럼 거대한 자연일까? 노인들이 가득 앉아 담배와 시간을 태우고 있는 파고다 공원일까? 아니면 아이와 그네가 함께 흔들리는 동네 골목의 작은 놀이터일까?

집을 나서면 호주는 사실 어디든 공원 같다. 세계에서 제일 평평하고 낮은 대륙, 심지어 고지대조차도 별로 높지 않아서 가장 높다는 코시우스코 산(Mount Kosciuszko)의 높이조차 에베레스트산의 4분의 1에 불과한 호주에는 어느 동네든 축구장보다 더 큰 평평한 잔디밭들이 여기저기 널려 있다. 그런 잔디밭이 우리 집 바로 뒤에도 몇 개나 있다. 매일 가지만 이름을 모른다. 그냥 내가 사는 동네 이름 자체가 쉐일러 파크다. 호주의 삶에서 공원은 친구다. 학교나 과외나 친구 집에 간 아이들을 기다릴 땐 거기가 어느 동네든 어김없이 바로 근처에 있어서 시간을 함께 때워주는 공원.

사람도 안 보이고 차도 많지 않다. 하늘 아래 꽃나무들을 햇살과 구름이 번갈아 바라보고 지저귀는 새들과 바람이 가끔 놀러올 뿐이다.

남편이 없을 때 나의 친구 공원은 남편처럼 편안하고 고요한 안식처다. 아이들이 없는 그네에 잠깐 앉아 흔들리거나 나뭇잎 무늬가 아로새겨진 신비로운 하늘색 바탕을 가만히 올려다보며 천국의 평화 속에 잠길 수 있게 해주던 조용한 친구 공원.

그러다 어느 날 외로움에 지친 기러기 아빠가 한국으로부터 날아오면 책 읽기와 숨쉬기 운동만으로 휴식을 취하던 우리들의 전지훈련장으로 변신한다. 이제 우리 가족의 땀으로 얼룩질 올림픽 선수촌의 훈련장이 되어버린 공원.

시간만 나면 코알라 파크로, 집 뒤 공원으로, 골프장으로, 밤엔 차고에 마련된 탁구장까지 종횡무진 스포츠에 매달리는 남편 때문에 이젠 너무 커서 갑자기 무서워지기까지 하는 공원이다. 남편은 운동선수들의 코치처럼, 강아지 데리고 다니는 주인처럼, 나가기 싫어서 요 궁리 조 궁리 하고 있는 아내까지 어떻게 꼬여서든 데리고 나간다. 그렇게 끌려 다니는 강아지들은 마냥 행복해 보이던데, 남들이 보기에 나도 그럴지 모르겠다. 안하던 운동으로 매일 매일을 보내려니 힘들고 좀 쉬고 싶고, 아줌마들의 수다가 곁들어진 커피향에 대한 그리움이 내 안에서 몸부림쳐도 찔끔 감추고 며칠에 한 번은 발목과 팔꿈치를 파스로 도배하며 강행군. 가족 팀에게 올림픽 출전일이 얼마 안 남은 분위기다. 원래 양반 태생의 피가 흐르는 나인지라, 운동화도 모자도 어색하고 골프채를 휘두르거나 숨 가쁘게 뛰어다니는 것은 영 체질에 맞지 않지만….

"여보 운동 안하면 골다공증 된대요."

손을 잡아끄는 남편 미소에, 깡총깡총 주인 따라 나서는 강아지가 되고 만다.

오늘은 오리들도 두 마리씩 쌍쌍으로 전지훈련에 참가했는지 공을 피해가며 열심히 저희들만의 연습을 하고 있다. 피구팀이 된 이름 모를 작은 새들도 공 피해 다니느라 정신없다. 지난번보다 농구 실력이 늘었다고 좋아하는 아빠 코치와 땀으로 티셔츠를 흠뻑 적신 아들 선수. 남편 코치를 피해 멀리 도망간 엄마 선수. 완연한 봄이 성큼 다가온 호주 대륙의 한 구석에서 울타리 너머로 피어나는 예쁜 꽃들과 함께 우리 가족의 훈련장이 된 공원.

그러다 어느 날 기러기 남편이 훌쩍 날아가 버리자 어디엔가 숨어 있던 새떼들이 몰려와 위로의 휘파람을 불어준다. 그러고 보니 풀잎 냄새, 꽃잎 향기들도 나를 위해 거기 머무르고 있다. 살랑 불어 뺨을, 팔을, 가슴을 어루만지는 초여름 저녁 바람도 남편대신 다정하다. 작은 연못에 사는 오리는 그새 새끼를 낳았나보다. 사람 기척이 나자 서로 먼저 오려고 실랑이를 하면서 헤엄쳐 다가온다.

저녁노을이 바알갛게 물드는 하늘을 바라보며 그림자를 데리고 집으로 돌아올 때, 가슴에 가득 감사함도 함께 물든다. 언제인지 모르게 나무며 잔디를 늘 정돈해 주시는 분들. 목도 아프지 않은지 계속 합창을 들려주는 새들. 한낮의 더위를 감쪽같이 흡수해 날아가 버리는 산들바람. 내일도 우리 곁을 지켜주기 위해 잠시 자러가는 태양. 몇 백 년 만의 가뭄이라는 데도 꿋꿋하게 살아주는 꽃나무들. 그리고 우리의 평안을 위해 멀리 북반구에서 외로움을 참고 계실 부모님들, 또 남편.

고독감에 사무치지 않도록 따듯하게 안아주는 포근한 안식처 나의 친구 공원.

골드코스트에서 낚시를

평일에 남편은 아침 먹고 싸준 샌드위치와 음료수를 챙겨서 낚시를 간다. 혼자 골드코스트로…. 주말엔 기다렸던 아들을 데리고 분주하게 둘이서 행복을 낚으러 떠난다.

그러다 방학이 되자 강태공 남편은 아들을 데리고 며칠에 한 번은 낚시를 다녔다. 바다를 보기만 해도 좋다니… 남편은 아들과 단둘이 그 좋은 바다 가운데 두둥실 떠서 정겹고 한가로운 시간을 보내고, 그 틈에 나는 딸과 둘이 책 속에 빠져서 소파 위를 뒹굴며 나름대로 조용하고 낭만적인 아녀자끼리의 시간을 보낸다. 요즘 들어 딸애가 특히 좋아하는 제임스 블런트의 조금은 서글픈 노래들을 들으며 아이스커피를 맛있게 만들어 마시고 있노라면 그날 잡은 고기의 양에 따라 초고추장을 얼마만큼 만들어 놓으라는 전화가 온다. 어떤 날은 공을 치기도 하지만, 운 좋은 날은 은빛 찬란한 학꽁치 열댓 마리를, 또 운 좋은 다른 날은 커다랗고 노랑 빛깔 예쁜 도미 몇 마리를 잡아와 싱싱한 회와 꽁치구이, 얼큰한 매운탕으로 맛있는 저녁을 먹는다.

호주사람들은 구경만 하고 둘이서 신나게 고기를 낚아 올린단다. 왜 한국사람이 고기를 더 잘 잡는지는 모르겠다. 가끔 일본 사람들이 오는데 된장 같은 것을 물에 뿌리면 고기들이 떼로 몰려와 한 바구니씩 잡아가기도 한단다.

퀸슬랜드주는 낚시 허가증이 없이도 아무데나 가서 낚시를 할 수 있으니 남편에겐 너무 신나는 일이다.

그러던 남편이 한국으로 돌아가기 전 마지막으로 낚시를 가는 날이다. 한 번도 동행을 안 해준 아내를 무척이나 섭섭한 눈으로 애석하게 바라본다.

"나 이번이 마지막 낚시인데…."

측은지심이 동하여 하는 수 없이 따라 나섰다. 날씨는 화창, 파랗다 못해 은빛이 도는 하늘과 바다는 환상적이고 서핑 하는 애들이 간간이 눈에 띄는 바닷물 한가운데 제티 위에서 우리는 낚싯대를 드리웠다. 한참 먼데서 몇 사람이 낚시를 하고 있었지만, 그 사람들의 사이즈가 내 손 한 뼘 안에 들어올 정도면 얼마나 먼 것일까? 우리는 부서지는 파도 위의 서핑보드처럼 제티 위에서 바람에 따라 울렁울렁거렸다. 바다 속은 유리처럼 투명하고 저만치서는 파도를 타는 아이들, 발밑엔 파도에 휩쓸리는 고기들, 생 초보 낚시꾼에겐 모든 게 신기하다.

남편이 낚싯대를 휘리릭 던져주면 시키는 대로 열심히 혹시나 출렁거리는 파도에 낚싯대 놓칠세라 온 힘을 다해 부여잡고 있었는데, 왜 그리 자꾸만 고기가 걸리는 것인지.

몇 마리를 잡고 난 후부터 입이 찢어진 남편은 미끼를 끼우느라 바빠서 하는 수 없이 서툰 초보가 낚싯대를 던져야 했다. 휘리릭. 멀리도 못 던졌건만 던지자마자 또 고기가 걸린다.

"당신이 오니까 고기들이 마구 몰리네. 당신한테서 된장 냄새가 나나?"

신이 난 남편 옆에서 나는 "고기야 그만 와." 하고 중얼거렸지만 말귀를 못 알아들은 고기들은 그래도 자꾸만 자꾸만 낚싯바늘을 물고, 손바닥보다 작은 고기는 무조건 다시 다 놓아주어서 쌩 하고 살아서 헤엄쳐간 것만도 열 마리가 넘는다. 놓아주는 건 잡는 것보다 더 힘들다. 솜씨 좋은 남편이 피 나지 않게 조심스레 낚싯바늘을 빼내야 한다. 그리고 잽싸게 바다에 사알짝 던져야 한다. 낮 1시쯤까지 잡은 고기는 큰 것만 열두 마리…. 아… 남편은 너무나 즐거워하건만 난 왠지 죄 짓는 것 같아 고기가 가득 든 큰 들통을 쳐다보기가 무서웠다.

여기가 진짜 바닷가 해변 맞아? 서핑 하는 애들이 고기랑 같이 물속에서 한가롭다.

이러다 수영하는 애들까지 잡아 올릴라.

내게로 온 프랜지패니

호주에 온 지도 꽤 오래건만 아직까지 내 가슴에 최고로 자리 잡고 있는 꽃나무는 프랜지패니다. 좀 아쉬운 점이 있다면, 알고 보니 호주사람들도 모두 이 꽃을 좋아해서, 꽃시계도 만들고 꽃 액자도 만들고 이 꽃을 주제로 한 사진이나 그림으로 옷도 만들고 심지어 사진을 차창에 붙이고 다니거나 팔찌, 반지로도 끼고 모자나 옷에도 꽂고 다닌다는 것이다. 한 마디로 어딜 가나 사시사철 눈에 뜨이는 흔하디흔한 꽃이다.

그러거나 말거나 난 한국사람이지만 그냥 처음부터 아직까지 프랜지패니를 제일 좋아한다.

프랜지패니는 한겨울 동안 죽은 나무가 된다. 잎도 꽃도 아무것도 안 걸친 채, 굵고 단단한 나뭇가지들만 동그스름하게 전체적으로 균형 잡혀있어 커다란 새둥지처럼 보인다. 처음 프랜지패니를 만났을 땐 아! 참 예쁘게 자라던 크고 귀한 나무가 아깝게도 죽고 말았구나! 그렇게 안타까워했었다. 그런데 봄이 오자 겨우 내내 죽은 척 앙상하던 가지에 생끗 초록 잎들이 돋기 시작하더니 놀랍게도 쑥쑥 자라나며 꽃도 피워내기 시작했는데, 아! 얼마나 싱싱하고 기품 있고 아름다운 꽃들이던지….

군계일학이라고나 할까? 가지각색의 다른 꽃나무들은 모두 들러리에 불과했다. 바쁜 차를 세워서라도 따보고 싶은 꽃. 프랜지패니는 꽃의 앞도 뒤도 모두 환상적으로 예쁘다. 흰 꽃이나 분홍이나 주황, 노랑 등의 종류가 있는데 모두 한가운데는 신비한 무지갯빛을 띠고 있다. 향기로워서 향수의 재료로도 쓰인다고 한다.

나는 늘 프랜지패니를 사모하고 있었다. 그러나 집도 없이 떠도는 세입자 입장에서 그 아름다운 큰 나무를 남의 집 마당에 심을 수는 없는 일이었다. 그래서 담장 너머 옆집의 프랜지패니만 서글프게 바라다보았다. 한국으로 돌아갈 나의 신분으로서는 여기서 기르다 가져갈 수도 없는, 그래서 함께하려야 함께할 수 없는 아름다운 그림의 꽃이었다.

그런데 참 이상하다. 어느 날 우연히 어느 집에 초대되어 갔는데 마루에 앉아 차를 마시며 보니 아주 작은 나무 막대들이 정원에 여러 개 꽂혀 있는 것이 아닌가?

"저건 뭐예요?"

화초에 관심이 많은 나는 이렇게 묻지 않을 수 없었고, 바로 그 볼품없는 나무 막대가 프랜지패니라는 믿을 수 없는 대답을 들었다. 고귀하게 보이는 큰 꽃나무가 씨앗서부터 정성스럽게 키워지는 게 아니고 저렇게 뚝 잘라서 꽂아만 놓아도 살아난다는 것 아닌가? 참 신기했다. 그리고 저런 작은 나뭇가지라면 나 같이 집이 없는 사람도 한 번쯤 꽂아 볼 수 있지 않을까? 그런 욕심이 생겼다. 그래도 얼마 전 정성껏 꺾꽂이를 해 놓았다는 그 막대기를 빼 달라고는 할 수 없어서 그저 마냥 부러워만 했다.

그런데 참 또 이상하다. 어느 날 그 아줌마에게서 전화가 왔는데 자기 아는 사람이 이사를 가면서 마당에 있는 꽃들을 그냥 다 두고 갔는데 거기 어린 프랜지패니도 있으니 빼 가려거든 빼 가라는 것이다.

프랜지패니는 자기를 사모하는 나의 마음을 어떻게 알고, 자기를 가져가 달라고 나를 불렀을까? 나는 그냥 조용히 바라만 보고 있었는데….

가슴이 두근거렸다. 그래서 정성스럽게 그 막대기를 모셔와 화분에 옮겨 심었고 얼마 후, 신비스러운 잎이 나기 시작하더니 아름다운 꽃을 피워내기 시작했다.

운명적으로 마음의 끈을 좇아 나를 찾아온 프랜지패니. 어느새 마당에서 매일 하루 종일 나의 마음에 천국을 만들어주고 있다. 완전히 죽은 모습으로 사람을 놀래키다가도 그 메마른 나무 꼬챙이에서 너무 생생하게 아름다운 꽃을 피우는 저력은 어디에 숨어 있는 것일까? 완전히 잃어버린 듯한 나의 자아도 저처럼 고운 꽃을 다시 피울 날이 있을까?

프랜지패니를 볼 때마다, 밑동에서 용틀임을 기다리고 있을 나만의 아름다운 숨은 꽃을 꿈꾸게 된다.

나 죽으면 어찌 살까?

아버지는 늘 그렇게 걱정하셨다. 당신의 아내가 꼼꼼하지 못하고 경제관념이 부족해서 혼자 살기 어려울 거라고. 끝까지 오래 살아 챙겨주셔야 된다고 되뇌시더니 신부전증으로 먼저 가신 지 벌써 오년이다.

어머니는 그러나 너무 잘 살고 계신다. 간섭하는 양반이 없다고 평생 안 입으시던 화려한 옷으로 차려입으시고 고상한 걸 좋아하시던 아버지 때문에 못하시던 큰 장신구로 치장을 하시고 혼자 된 친구들과 어울려 매일 매일 레스토랑에서 맛있는 걸 드시고 아파트 노인회의 임원으로 여행도 자주 가시고 교회 시니어 일원으로 열심히 교회활동하시고 노래교실에서 노래수업도 들으시며 재미있게 사신다.

아침마다 문안전화를 드리면 변하지 않으신 젊고 활기찬 목소리로 그날의 일정을 알려주신다.

"오늘도 너무 바쁘구나. 대학교 동창들과 영화를 보고 어디

어디로 점심 식사를 가기로 했어. 애들이랑 차 마시고 수다 떨다 보면 저녁이나 되어야 들어올 거야."

어머니와의 대화를 엿듣는 남편은 가끔 시무룩해진다.

"당신은 나 죽어도 저렇게 너무 행복해 하지 마라."

어머니가 설마 진짜로 그렇게 너무 행복하게 지내시는 거겠어? 멀리 있는 딸자식, 바쁜 아들자식에게 마음고생 시키지 않으시려고 혼자서도 씩씩하게 잘 살고 계신 척 하시는 거야. 안 외로우신 척, 안 무료하신 척 하시는 거야.

난 잘 안다.

어머니는 요나손의 소설에 나오는 알란처럼 용기 있는 괴짜가 아니라는 걸.

젊어서부터 아무리 아프셔도 내색 않으시고 꾸욱 잘 참는 분이시라는 걸. 지금도 많은 걸 참고 계실 거라는 걸.

부모님을 떠나 이국땅에 사는 삶은 시도 때도 없이 눈물을 흘리게 만든다.

소중한 깻잎

호주, 깻잎, 폭염, 이 세 단어는 세월에 곰삭은 장아찌처럼 함께 어우러져 그때 그 시절을 그립게 만든다.

호주 온 첫 해 처음 방문한 교민 집에서 조르고 졸라 얻은 깻잎 화분 하나. 새 집에 적응하기도 전에 브리즈번은 80년 만의 더위라나 뭐라나 최고기온이 42도까지 올라가더니 마당의 모든 식물을 다 말려 죽이고 있었다. 몇 장 붙어 있던 불쌍한 나의 깻잎도 죽일 듯 쏘아대는 태양빛과 매일 사투를 벌여야했다. 낮엔 거의 초죽음으로 꼬꾸라졌다가 밤중에 몰래 내리는 시원찮은 빗줄기에 겨우 부스스 되살아났다. 처량할만치 시들시들한 이파리가 애처로워 한 장도 따 먹을 수는 없었다. 그러기를 아마 한두 주일. 어느 날, 이파리들은 더 이상 고개를 들지 않고 모두 바삭바삭 말라죽고 말았다.

지금 생각하면 너무 이상하다. 에어컨도 수도도 있는 집에 살면서 마당에 심겨진 잔디도 아니고 어떻게 깻잎 화분 하나를 말려 죽일 수 있나?

아마도 나 자신이 깻잎처럼 제 정신을 차리지 못하고 더위에 휘둘려 시들어 있었기 때문일 거다.

깻잎 몇 장이 문제야? 그런 더위 한 번도 경험 못한 북반구의 네 식구가 한겨울 펑펑 쏟아지던 하얀 눈송이들의 배웅을 받으며 남반구로 넘어오자마자 42도라는 처음 겪는 폭염에 다 떠죽게 생겼는데.

다음 해부터 제 정신을 차린 날씨 덕에 겨우 정신 줄을 고쳐 잡은 나는 뒷마당에서 그 아픈 기억을 치유하기 위한 도전을 시작했다. 깻잎 모종을 얻어 심은 것이다. 처음엔 몇 화분, 그러다 씨를 잘 받고 또 뿌려서 몇 해 후엔 깻잎 농장.

호주의 강한 해 아래선 말라 죽는 깻잎에게 그늘을 찾아주기 위해 요리 조리 옮길 수 있는 스티로폼 박스를 뒷마당 가득 배치하고 비싼 흙도 비료도 넉넉히 넣어줬다. 다시는 한 장도 말라 죽게 하지 않으리.

깻잎은 너무 많이 자라나기 시작해 열장에 2불로 파는 가게의 깻잎은 거들떠도 안 본다. 아는 사람들에게 모종도 많이많이 선물하고 수시로 따서 선물로 준다. 가지런히 한 봉투에 모으기 위해 하나씩 줄기를 맞춰 세어가다 보면 대부분 100장씩. 돈으로 치면 20불 정도지만 호주 온 지 얼마 안 되어 아파트나 다주택에 살며 깻잎을 길러 먹지 못하는 사람들에겐 큰 선물이다. 많이 팔지 않는 호주이기 때문에. 완벽 무공해기 때문에. 그렇게 따주어도 깻잎은 자고 나면 또 따달라고 두 배로 불어나 있다. 드디어 자나 깨나 그리움이던 깻잎 장아찌도 만들고 혹시나 더 오래 보관해 먹으려고 된장에도 박았다. 그래도 자고 일어나면 또 따달라고 엄청 자라나 있는 초록 이파리들. 이를 어쩔까? 고민 고민을 하다 머리를 콩 쥐어박았다. 깻잎나물을 해먹으면 되지. 냉큼 큰 잎들을 왕창 다 따서 삶고 참기름에 달달 볶았다.

깻잎이 귀하던 시절 이런 건 결코 상상도 못할 요리법이었다. 그 곱고 마음껏 보기조차 아까운 깻잎 한 장 두 손으로 받쳐 들고 향긋한 냄새부터 음미한 후 살짜기 입속에서 조근 조근 씹으며 감사한 마음으로 맛보셔야 할 그 귀하신 깻잎 이파리들을 어찌 무자비하게 삶고 짜고 무쳐서 모양을 찌그러뜨리고 양을 줄일 수가 있는가 말이다. 하지만 이젠. 다음 날 또 따 달라고 아우성치며 스무 개나 얻어 만든 스티로폼 농장들이 터져 버릴 만큼 자라나는 깻잎들 때문에 잠을 이룰 수 없을 지경이 되었다. 그 걱정을 깻잎 무침나물 냉동 저장으로 한 방에 해결! 세월은 그렇게 서울의 도시녀를 호주의 농사꾼으로 삭혀가고 있다.

네일 아트

호주에 살다보니 직업에도 인종차별이 있다.

공항에든 시티 어디쯤이든 택시들을 세워놓고 그 옆에 서성이고 있는 운전수들 대부분은 중동이나 인도인들이다. 쇼핑센터의 카트를 옮겨다 놓는 사람들도 중동사람들이고, 빵집을 주름잡고 있는 사람들은 베트남 사람들이며 청소 대행은 한국인들이 많고 생선은 중국인들, 과일은 중동인들. 세븐 일레븐은 인도인들, 네일숍이나 마사지숍은 태국인들. 이렇게….

자주 들르는 우리의 쇼핑몰엔 네 개나 되는 네일아트 숍이 있다. 늘 먹을거리, 입을 거리를 사느라 들락거리면서 지나쳐가노라면 까무잡잡한 태국 아가씨들이 호주 아줌마들의 하얀 손가락을 부여잡고 뭔가를 열심히 그리거나 갈고 있었다.

태국 사람들은 네일 아트 숍을 내고 저렇게 부자가 되는구나. 호주아줌마들은 손톱관리를 무척 즐기는구나. 며칠이면 벗겨질 손톱에 저렇게 돈을 쓰고 있으니 호주사람들이 부자긴 부자구나. 그런 상념들과 함께 늘 보고 지나치던 장면. 하지만 나와는 전혀 상관없던 세계.

그런데 졸업파티를 하는 딸아이의 친구들이 모두 손톱을 하고 온다는 거다. 그래? 그렇다면 이번 기회에 나도 그 별천지의 문턱을 한 번 넘어보자. 비록 내 손톱을 갈고 그리는 건 아니지만 가까이서 그 신기한 장면을 구경하는 것만으로도 얼마나 재미있으랴? 어느 숍으로 갈까? 궁리를 하고 있었는데 웬걸 결국은 아무데도 못 가고 말았다.

뉴스를 듣자마자 옆집 아줌마 줄리가 네일아트로 자택 부업을 하고 있는 자기 딸을 데리고 오겠다는 거다. 그래서 결국 그 신비의 세계는 윈도우 너머로 보는 것에 만족하고 우리 집 마당에 네일 아트 숍을 차리게 되고 말았다.

이른 아침에 도착한 아티스트 리요니. 리요니의 엄마인 줄리는 손녀들까지 데리고 참관을 왔다. 마당에서 뛰어 놀다가 방방마다 다니며 피아노 치고 기타랑 바이올린 만지는 애들에게 기겁을 한 아들은 꼬셔서 자동차 놀이 해주느라 여념 없고 나는 과자랑 먹을 것을 마련해 주느라 정신없고… 그래서 이번 기회에 네일아트를 아트답게 음미해 보고 아트 숍의 매력과 수익성, 태국 아가씨들의 손재주, 호주 아줌마들의 취향들을 한 번 살펴보려던 계획은 물거품이 되고 말았다.

아… 그 길고도 딴딴하게 보이는 반짝이는 손톱과 오색찬란한 정교한 그림들을 어떻게 만드는지 꼭 보고 싶었는데 리요니 아이들의 과자를 만드는 동안 다 완성되어 있었던 것이다.

그래도 드레스에 어울리는 예쁜 손톱에 딸은 만족해하고, 자기 딸을 데려와 돈을 벌게 해준 줄리가 기뻐하고 리요니는 약간의 수입을 올려 좋아하고, 리요니의 애들은 우리 집의 악기들과 한국 과자 맛에 도취되어 행복한 한때를 보냈으니 모두에게 행복한 하루였다.

왕초의 힘

또 이삿짐을 싸야 하다니….

한국에선 아파트 평수라도 늘리려고 이사 다닌다지만 여기선 그럴 일도 없는데. 우리가 세 들어 살고 있는 집을 주인이 팔겠다는 바람에 계획에도 없는 이사를 해야 하다니, 집 없는 설움이다. 게다가 더 속상한 건, 공인중개사 관리인이 24시간 전에 편지 한 장 딸랑 우체통에 넣으면, 주인이 두 눈 뜨고 집을 지키건 말건 열쇠로 따고 들어와 우리의 보금자리를 헤집고 다니며 구경하고 간다는 거다. 거기에 우리 집 방방 사진들을 인터넷에 올리기까지.

몇 번 급습을 당한 우리는 새 집 구하기에 온 식구가 발 벗고 나설 수밖에.

남편은 한국으로 돌아가기 전에 번갯불에 콩 구워먹듯 이사를 해치울 요량으로 혼신의 힘을 기울여 집 찾기에 나섰다. 집을 보러 다닐 수 없는 밤 시간엔 인터넷을 뒤져 적당한 물건을 찾고 카피하고 주소를 찾아 놓는다. 다음 날 해가 뜨면 아이들 등교 시간에 함께 출발하여 찾아 놓은 집은 모두 방문해 보는 일과가 한참 계속되었다.

그런데, 가장 골치 아픈 문제는 네 식구가 원하는 집이 모두 각각 다르다는 것이다.

아빠는 무조건 학교와 가까워 운전을 많이 안 해도 되는 집. 남편은 30년 무사고인 내 운전 실력을 너무도 몰라준다. 그러나 사실은 소중한 가족의 안전을 최우선하는 아빠의 사랑이겠지. 큰 대문 안에 여러 채 같이 들어 있어 도둑 걱정 없고 안전한 집.

엄마는 고르는 조건이 꽤 까다롭다. 우선 길이 집 앞으로 치고 들어오면 안 된다. 집은 전체적으로 정사각형에 가까워야 좋고. 집 뒤로 큰 길이 있으면 안 되고, 집 앞 길은 경사져서는 안 되고. 구조는 맘 편안하게 느껴져야 하며 북향으로 창이 많이 나있어 햇빛이 잘 드는 집.

딸이 원하는 건 친구들도 자랑스럽게 데려올 수 있고 자기 옷장에 전신 거울이 달려 있는 그림 같이 예쁜 집.

어린 아들은 무조건 제일 친한 친구네만큼 큰 집. 그래서 절대로 방 다섯 개, 화장실 세 개는 있어야 하는 이층집.

이렇게 모든 조건을 충족시키는 집이 과연 있을 것인가? 그것도 주인이 살기 어정쩡하여 월세로 내놓는 집들 중에?

하루하루 날짜는 흘러서 남편이 한국 돌아갈 날은 다가오는데, 마땅한 집은 없고….

그렇게 초조하던 어느 날 밤, 남편의 눈에 번쩍 뜨인 건 인터넷에 올라온 바로 옆집의 사진 한 장.

아! 그것을 남편이 안 봤어야 나머지 세 식구의 꿈에 조금이라도 부합하는 집으로 이사를 가볼 수 있었으련만.

"야! 저 집은 마당에 꽃나무도 많이 심어놨네! 앞집들이 낮아서 전망도 좋고, 해도 많이 들겠네."

그렇게 부러워한 적도 분명 있었던 것 같은데, 같이 지은 열두 채가 그 집이 그 집이겠거니 하며 내부도 안 보고 계약부터 하고 보니, 어째 구조도 전 집만 못하고 방들도 작은 것 같다.

그러나 이제 어쩌랴? 이미 엎질러진 물인 것을. '남의 떡이 커 보이는 법이야.' 하며 자기최면이나 걸고 있는 수밖에.

어쨌든 전혀 설레지도 않으면서 번거롭기만 한 옆집으로의 이사를 끝내고 뼈저리게 느낀 점은 '배는 선장 마음먹은 대로 나아간다.'라는 점.

아무리 엄마와 딸과 아들이 이 집이 어떻고 저 집은 저떻고 하며 머리를 맞대고 의논하고 주장하고 타령을 해대봤자, 결국 이사를 오고만 집은, 예쁜 집도 큰 집도 풍수가 좋은 집도 아닌 집. 가깝고 도둑 걱정 없는 집. 남편이 원했던 바로 그런 집이었다.

왕초 맘대로!

급한 이사를 마무리 하고 남편은 한숨을 돌리며 의기양양하게 한국으로 돌아갔다. 이리 저리 집 정리를 하며 맘에 안 드는 구석이 있을 때마다 보글보글 끓는 화를 속으로 찬찬히 삭이며, 다시 곰곰 생각해보니, 또 한 편, 남편의 선택이 탁월하지 않았나 싶다.

애들 태우러 운전하러 다닐 시간, 큰 집 치우느라 정신없을 시간에 책 읽고 글 쓰고 나름대로 여유를 누릴 수 있으니 이 얼마나 행복한가. 방 네 개에 화장실 두 개인 이 집도 무섭다며 안방 침대에 뛰어들어 함께 자겠다고 덤비는 두 놈을 볼 때마다, 큰 대문 안에 들어 있어 안전한 이 동네에 계속 사는 것이 아빠도 없는 이 순간 얼마나 맘 편한 일인가? 또 한 번 느끼게 되는 것이다. 두 명의 선장은 배를 좌초시킨다고 하지 않던가? 우리 집은 왕초의 힘이 강해서 다행이다.

여보, 고마워. 이렇게 맘 편하고 몸 편한 집에 살게 해줘서.

와사비

돌아가신 분은 주위에서 참 존경받는 분이셨다. 그래서 슬픈 마음으로 장례식 준비에 참여해 움직였다. 일하던 사람들이 유족들과 함께 식사를 하게 되었다. 문상객들은 모두 무채색 상복으로 예의를 갖추고 있었는데 성인이던 고인(故人)의 자녀들은 분홍, 초록, 파랑 등의 오색찬란한 옷을 입고 있었다. 너무 경황이 없어서겠지 했는데 식사도중 한 상주가 "와사비 좀 가져와. 여기에 와사비를 넣으면 얼마나 맛있는데." 하자 "맞아. 정말 환상적인 맛이지." 하며 맛 타령이 왁자지껄 이어졌던 것이다.

연두색 와사비는 빈소(殯所)의 밥상에는 어울리지 않게 너무 화사했다. 그 자녀들에게 어머니의 죽음은 어떤 의미이길래? 와사비가 코를 쏘아서 눈물이 핑그르르 돌았다. 자녀들로부터 그런 대접을 받는 분이 너무 짠해서인지.

와사비만 보면 그때 그 밥상이 잊혀지지 않는다. 주위 사람들에게 보다 식구들에게 더 깊은 슬픔을 남기고 떠나는 죽음이 아름다운 거 아닐까? 아마도 너무 많은 사람들에게 사랑을 나눠주시느라 자녀들 챙기실 여유가 좀 없으셨나보다.

밀러 할머니

한국으로 떠날 준비와 아이들 학기의 마무리를 하느라 좀 바빴다. 남의 일정도 내 시간표대로 움직여주면 좋으련만, 갑자기 문상 갈 집이 생기고, 느닷없이 어떤 아이까지 맡아서 비행기를 타게 되다 보니, 몇 주일 미시즈 밀러를 만나지 못했다. 그러나 밥을 못 먹는 한이 있어도 밀러 할머니는 만나고 가야 마음이 편할 것 같았다. 낯익은 길을 드라이브하고 또 익숙한 주차장을 타박타박 걸어서 유라나 블루케어에 도착하였다. 호주엔 블루케어라는 정부에서 운영하는 양로원이 있는데 우리 집에서 가까운 곳에도 분원 하나가 있어서 일주일에 한 번씩 자원봉사를 나갔다.

리셉션에서 늘 만나는 얼굴을 기대했건만 아무도 없다. 생각해 보니, 자원봉사자 기록부에 사인을 하던 정해진 시간이 아니고 누구나 바쁜 모닝티 시간(오전 10시 즈음). 모두들 차를 마시며 담소를 즐기느라 응접실에 모여 있을 거다. 빠른 걸음으로 정겨운 복도를 지나 어금니처럼 맨 구석에 조용히 박혀 있는 할머니의 방으로 직행했다. 근 일 년 간 노인들의 운동 도우미로 일하다가 금년부터는 밀러 할머니에게 책 읽어주기 봉사를 하고 있었다. 조신한 동양 아줌마가 운동 도우미라니? 어디 가서 이런 얘기를 하면 근육질 아닌 내 몸매를 아래위로 훑어보며 거짓말 하는 줄 알지만, 녹음기 음악에 맞추어 목 돌리기, 손가락 세기 등의 작은 움직임을 리드 하는 것이라 어려움은 없었다. 얼마 전 헬스 트레이너처럼 생긴 마오리 청년이 새로 지원하는 바람에 이 자리에서 강등되어 책봉사를 하게 되었는데, 할머니로부터 발음 교정도 받아가며 나름 영어공부에 도움이 되는 나에게 아주 맞춤한 일이었다.

문이 잠겨있다. 그렇게도 싫어하시는 모닝티에 끌려가신 겐가? 노크를 하려고 보니 문 앞에 이름표가 비어있다. 쿵, 가슴이 철렁 내려앉았다. 그새를 못 참고 돌아가셨단 말인가? 92년이나 잘 살아오시다가 하필 내가 결석한 몇 주를 못 참고?

안에서 어떤 할아버지 음성이 누구냐고 묻는다. 양로원에선 남자의 굵고 낮은 음성을 듣는다는 건 아주 드문 일이다. 그러나 그런 감상을 하고 있을 겨를이 없다. 문을 열고 급한 김에 밀러 할머니를 찾는다고 하니, 귀가 어두우신지, 대답은 안 해주고 자기 이름만 계속 반복하신다. 좀 실례를 저질렀을지도 모르겠다. 그냥 아무 생각 없이 부리나케 발길을 돌려 리셉션으로 가고 있었다. 그래, 이렇게 마음이 무거운 이유가 그거였어. 아무리 바빠도 여기부터 와야 했어. 가엾은 밀러 할머니. 기다려도 오지 않는 나를, 얼마나 원망하며 떠나셨을까? 갑자기 화난 할머니의 영혼이 나를 노려보며 따라 다니는 장면이 얼핏 스쳤다. 차라리 어느 병원에 입원이라도 하셨다면 거기가 어디든 단숨에 찾아가련만….

어떻게 리셉션까지 왔는지… 하여튼 아는 얼굴이 하나 지나가길래 무작정 붙잡고 물었다.

"미시즈 밀러?"

"아… 미시즈 밀러?"

그녀는 파랗고 동그란 눈을 더 동그랗게 뜨고 내 얼굴을 바라보며 정지화면처럼 한참 뜸을 들이더니 깔깔깔 웃는다. 대뜸 내 표정이 무얼 의미하는지 자기도 알아채고 잠깐이나마 순진한 날 놀려먹어서 즐겁다는 듯.

아! 얼마나 다행이었는지. 그들은 이제 너무 약해져서 걷기에 위태위태한 할머니를 식당 가까운 방으로 옮겼던 것이다. 이사한 방까지 날 데려다 주면서 그녀는 계속 내 등을 문지르고 있다. 얼마나 놀랐는지 등 뒤에까지 놀란 심장의 쿵닥거리는 소리가 울리고 있었나보다.

호주에서 태어나 호주 대륙 밖으로 나가본 적이 없다는 밀러 할머니는 한국에서 태어나 자란 순수 한국 혈통인 나와 어떤 인연이 있는 것일까? 맨 처음 자원 봉사 일을 찾았을 때도 할머니와의 대화 자리를 내어 주더니, 할머니가 지루해 하시는 것도 같고 오히려 내가 피곤하게 만드는 것 같아 그 일을 관두고 운동 도우미를 맡다가 다시 책 읽어주기를 하게 되었을 때도, 바로 그때 방금 병원에서 퇴원한 밀러 할머니 방으로 가게 된 것이다.

열려있는 방문 사이로 밀러 할머니가 보였다. 늘 그러셨듯 돋보기를 들고 퍼즐 책을 보고 있다. 위치만 바뀌었을 뿐, 침대에서 바라다 보이는 곳엔 할머니의 젊은 남편 사진이 그대로 걸려있고, 건축가였던 남편이 직접 지어 50년 간 살았다는 집 사진도 그대로 따라왔다. 나는 할머니가 좋아한다는 보라색 라벤다 꽃 화분을 침대 맡 사이드 테이블 위에 올려놓고 할머니의 마르고도 차가운 하얀 손등에 입 맞추었다.

'아… 살아 있어줘서 고맙습니다. 다시 오겠다던 약속을 지키게 해주셔서 감사합니다. 부모님들을 멀리 떠나 있으면서 늘, 내가 이 할머니께 작은 위로라도 된다면 내 부모님께도 누군가가 살갑게 위로가 되겠지 하며 만나기 시작했던 할머니. 그러나 누가 누구에게 위로가 되는지 이제 분간이 되지 않는다. 그날, 할머니가 아직 살아 계셔서 나의 작별 인사를 반갑고도 정겹게 받아주시고 크리스마스와 새해를 너의 가족과 잘 보내고 다시 건강한 모습으로 꼭 돌아오라는 당부를 해주시며 그 앙상한 두 팔로 나를 안아주신 것은, 진실로 크나큰 위로가 되었다.

92년, 쉽지 않았을 인생을 살아오신 할머니가 양로원에서 도움 받지 않으면 아무것도 할 수 없는 삶이 힘겨워 죽음을 기다리실 수도 있을 텐데. 하나님의 마중대신 당신에게 책 읽어줄 친구를 기다리겠다고 하시는 것은.

누군가를 기다린다는 것은 그 사람을 내 마음 속에 기쁨으로 간직하는 일이다. 기다림 때문에 가슴이 설레는 것은 아직도 그 사람과 함께할 희망이 남아있기 때문이다.

이국땅에서 할머니께 기쁨이 되고 희망이 된다는 것은 얼마나 감사한 일인지!

꽃과 함께 살아남기

멜버른 시가 주민들에겐 알리지도 않고 하수 처리된 물을 다시 정화하여 상수원에 흘려보냈다는 기사가 실린 적이 있었다. 호주는 땅은 넓으나, 식수가 모자라는 게 큰 문제다. 브리즈번 쪽은 비도 자주 오지 않아, 지금 당장 사람 살기는 편한 듯해도 결국은 가뭄이 큰 장애물이 되고 만다. 호주 뉴스는 앞으로 물 부족 현상이 심각해져서, 물 값이 퍼스지역은 지금의 열 배, 브리즈번은 아홉 배, 멜버른과 시드니는 다섯 배가 된다고 가끔씩 보도하며 겁을 주고 있다. 그러나 제일 걱정은 투움바다. 브리즈번에서 한 시간 정도 서쪽 내륙으로 들어가면 나타나는 해발 700m의 고원지대 투움바(Toowoomba). 끝없이 이어질 듯한 평지의 목장들을 달리다가 갑자기 꼬불꼬불 산길을 15분 정도 올라가면, 바로 '퀸즈랜드의 정원도시' 투움바의 꽃들이 지나는 이들의 눈길을 사로잡는 것이다. 9, 10월은 봄이라 어디를 가도 화사한 봄꽃이 만발이지만, 일본 정원을 비롯한

150여 개가 넘는 공원들과 일반 가정의 정원을 모두 공개하는 축제 때의 투움바는 모든 거리와 집들이 꽃 덩어리이고 시내 한복판도 꽃밭 그 자체다. 모두 꽃향기에 도취되어 버렸는지 제 속도를 잊어버리고 도로를 천천히 기어가고 있는 차들, 차창을 열면 독한 향수처럼 가슴을 파고드는 이름 모를 꽃내음. 인포메이션 센터 앞에 늘어선 관광버스들, 그리고 집집마다 기웃거리며 사진을 찍는 관광객들이, 이곳이 유명한 관광지임을 알려준다. 마당 전체가 꽃다발 그 자체인 집들. 호주는 영국 사람들만큼이나 뒷마당을 중요시하므로, 겉에서 보는 것보다 집 안으로 들어갈수록 아름다운 정원들이 마음을 사로잡는다.

투움바 시는 이 꽃축제를 관광 상품화하기 위해, 집집마다 등수를 매기고 수상 깃발을 대문 앞에 세워놓기도 하는데 이토록 정성스럽게 꽃을 가꾸는 마음들을 가진 사람들이 모여 사는 마을, 투움바는 요즘 물 때문에 보통 걱정이 아니다. 거의 1년 동안 리싸이클 된 물을 먹느냐 마느냐로 청문회를 열고 방송계몽을 하고 시장이 직접 나와 시음하고…. 그런 각고의 노력 끝에 시민 투표를 했는데 부결되고 말았다. 여름 들녘의 농부처럼 억세 보이는 투움바의 여시장. TV에 나와서 리사이클 물을 먹어야 꽃도 살리고 우리도 산다고 목이 다 쉬도록 외쳐댔는데도 화장실의 배설물, 병원에서 나온 하수 등을 재처리한 물 등은 어쩐지 꺼림칙했나 보다. 물 아끼자는 공익광고가 항상 나오고 있다. 퀸즈랜드 주 정부에선 물 부족 상태를 5등급으로 나누어 학교에서나 방송에서 수시로 공지한다. 1등급은 물이 풍족하니까 맘대로 써라 지만, 요즘 같이 건조하면, 세차도 호스 대신 버킷 한 개로 일주일에 한 번만 해야 하는 3등급이다. 정원의 물도 주지 말라는 경고가 나온다. 그러니 그 많은 투움바의 아름다운 꽃들은 지금쯤 목이 말라 어찌하고 있을까? 처음 호주에 왔던 2004년처럼 가물어서 집집마다 모든 화초가 말라죽는다면 내년의 꽃축제는 어쩌란 말인가?

정원에 가득 피어 늘 우리 가슴에 아름다움을 심어주는 꽃나무들, 우리는 결국 그들과 함께 자연이 주는 물을 나눠 먹고 살아야 하는 존재인 것이다. 지구상의 모든 생명체가 소비하는 물, 순환자원이지만, 양이 극히 한정되어있다는데, 매년 500만 명 인구가 물 부족에 의한 질병으로 사망한다는데, 그리고 향후 25년 내엔 세계 인구의 ⅔가 물 부족 국가에 살게 된다는데, 비록 물 값을 안내는 외국인 렌트자이지만, 물을 아껴야겠다. 세계 어디서나, 우리의 미래세대를 위해서.

호주에서 세계 최초로 연구에 박차를 가하고 있는 그래핀이 바닷물로 식수를 무한정 만들어 주는 그날이 오는 날까지.

캥거루는 왜 자살했을까?

호주사람이 찍은 사진을 미국사람이 인터넷에 올리면서 유명해진 '자살하는 캥거루'라는 사진이 있다. 아마 호주에 살고 있지 않았었다면 그냥 넘겼겠지. 사진을 올려놓은 사람들에 의하면, 캥거루는 바닷물 속으로 들어가다가 뭔가 아쉬운 듯 해변 쪽을 잠깐 응시했다고 한다. 그러다가 다시 물속으로 아주 사라져 버렸고, 한참 후 사체가 발견되었다는데, 이유에 대해선 재미있는 해석이 많다. 아기 캥거루가 파도에 휩쓸리자 따라간 엄마 캥거루라는 의견도 있고, 물을 마시러 들어갔다는 사람이 있는가 하면, 호주는 더우니까, 더위를 식히러 수영하러 간 것이라든지, 웃기기 위해 조작된 사진이라는 의견도 있었다. 또 이유는 알 수 없지만 동물에겐 영혼이 없고 생각도 못하고 그래서 절대 '자살일 수는 없다'라는 주장도 있었다. 그런데 사진 조작은 아니었다는 것이 곧 밝혀졌다고 한다. 또 캥거루는 수영을 못한다고도 하고, 물을 먹으러 저렇게 깊이 들어갈 필요가 없다는 것쯤은 삼척동자 캥거루라도 알 만한 일이다. 짠 바닷물은 동물도 먹지 않는다.

'동물은 생각을 못한다'라고 생각하는 사람은 동물만큼 생각이 짧은 사람일 뿐이다. 강아지를 한 번이라도 키워본 사람이라면, 강아지가 얼마나 주인과 마음의 교류를 하고 있는지 알 것이다. 그들에게도 사랑이 있고 충성도 있으며, 심지어 질투도 있다. 신도 가네토가 쓴 감동 실화소설 『하치 이야기』를 읽어 본 사람이라면, 인간이 하찮게 보는 하치라는 개가 자기를 사랑해준 주인에게 부인보다 더한 애정으로 한 목숨 다 바쳐 충성하다가 주인이 죽자 자포자기하고 자기의 삶을 내던져 버린 것을 보았을 것이다. 그 외에도 우리는 잊을 만하면 주인을 찾아간 진돗개라든지, 주인의 생명을 구한 많은 종류의 개들에 대한 뉴스를 심심치 않게 접하고 있지 않은가? 어쨌든 호주에 사는 동안 여러 차례 TV를 통해 수십 마리의 큰 고래들이 집단 자살을 하는 모습들을 보았다. 그들은 몸에 상처가 나서 더 이상 살 수 없는 경우나 폐렴 등의 병이 걸린 경우, 서식지를 빼앗겼을 경우에 해변으로 아주 올라와 죽음을 택하기도 하고, 아무런 외상이나 이상이 없는데도 간혹 죽음을 택하기도 한다. 물개들도 그런 stranding을 한다고 들었다. 시튼 동물기에는 늑대 왕 로보가 식음을 전폐하고 자살하는 내용이 나오며, 1994년 뉴사우스웨일즈에서는 나무들을 향해 전속력으로 뛰어와 부딪쳐 죽은 캥거루가 하루에 수백 마리에 달하는 집단 자살도 있었다고 한다. 또 영국의 제인구달박사가 발표한 사례에 따르면 엄마 침팬지 플로가 죽자 우울증에 걸려 식음을 전폐하던 아기 침팬지 피피는 결국 한 달 만에 숨을 거두고 말았다. 동물들도 어려운 심리적, 물리적 환경에 처하면 히스테리나 우울증 증세를 보이는 경우가 많으며, 인간의 우울증이 자살의 원인이 될 수 있다면, 동물에게도 자살의 가능성은 언제나 열려있다고 볼 수 있는 것이다.

그럼, 그 캥거루는 왜 자살했을까? 유럽인들이 호주에 오기 전부터 캥거루는 호주 대륙을 지키고 있었다. 그러다가 유럽인들이 처음 정착했을 때 부족한 식량을 대체하기 위해 몇 마리씩 잡아먹었던 것까지는 그럭저럭 참을만 했다. 그러나 자기 나라를 대표하는 동물로 캥거루를 엠블렘에까지 그려 넣은 호주사람들이 어느새 부터인지 캥거루고기를 외국으로 수출하기 시작했다. 1957년부터 미국이나 유럽 등으로 소소히 시작한 수출량이 점점 많아지더니, 십년 전 부터는 한국에도 러시아에도 수출을 시작했고 전 세계 40여 개국에 매년 800만 마리 이상의 캥거루를 수출하느라 캥거루 사냥의 총성이 끊일 날이 없는 지경에 이른 것이다. 캥거루는 우체류(소, 돼지, 양, 등 발굽이 둘로 갈라진 동물)가 아니라 구제역이나 광우병으로부터도 안전하고, 모두 야생일 수밖에 없는 고로 사료에서 비롯될 수 있는

식품 위생 문제로부터도 비교적 안전하며, 저지방 고단백 육류로 극동 아시아에서 각광을 받을 가능성이 크다고 한다. 잔디밭에 뛰노는 캥거루들을 보며 캥거루 바비큐를 뜯고 있는 사람들이 TV선전에 나온 지도 오래다. 게다가 애완용 동물까지도 캥거루로 만든 음식을 먹고 있는데다 캥거루 가죽으로 운동화까지 제조하다니… 아무리 호주 정부가 캥거루 개체 수를 감안하여 사냥할 수 있는 양을 엄격히 제안하고 사냥허가를 내준 수량만큼만 사냥을 허가한다지만, 어쨌든 자기를 품에 안아 길러주던 엄마 캥거루가 총에 맞아 피를 흘리며 끌려가는 모습을 보는 아기 캥거루는 가슴이 찢어질 일이 아니겠는가? 아기 침팬지 피피처럼 살고 싶은 의욕이 없을 것이다. 캥거루들은 호주인들에게 큰 배신감과 위협을 느끼기 시작했을 것이다. 게다가 요즘은 가뭄으로 죽는 캥거루도 엄청나게 늘어나고 있다. 맑은 하늘 아래 평화롭게 풀을 뜯던 과거와 달리, 먹고 살기도 팍팍해진 생태계를 힘겹게 겪어내고 있는데, 여기저기서 숨 조여 오는 총성까지… 지금도 아웃백 어디선가에서 소리 소문 없이 자살하고 있는 캥거루들이 있을 것만 같다.

종이학

큰아이를 가르치시는 시니어 스쿨의 멋쟁이 일본어 선생님. 일본어만큼은 일본사람이 가르쳐야 하지 않을까 싶기도 하지만, 호주 백인이라 완벽한 영어로 일본의 사회와 역사에 대해 설명해주고 오랫동안 일본에서 살아온 경험담을 함께 들려주는 선생님이라 호주 학생들의 존경을 받고 있는 분이다. 이 분은 일본 뿐 아니라 한국이나 다른 아시아 나라들에 대해서도 아주 박식하시고, 한국과 일본 사람들의 적대감조차 알고 있는 자격 충분한 일본어 선생님이시다. 일 년에 두 번 정도 일본 대학생들이 보조 선생님으로 와서 수업에 도움을 주기도 한다.

시험기간인데 갑자기 슬픈 소식이 들려왔다. 미세스 켈리가 암으로 학교를 그만두시게 된 것. 원래 유방암이었는데, 치료가 잘되어 건강을 되찾은 줄 알고 행복한 삶을 이어가던 중, 간으로 암이 전이되어 더 이상 학교에 출근할 수 없게 되셨다고 한다. 세계 여러 나라에서 살아본 경험담을 재미있게 들려주던 일본어가 유창한 미모의 멋쟁이 백인 여선생님. 부러울 게 하나 없을 것 같이 우아하던 완벽한 여성도 암 앞에선 저렇게 무너지는구나. 아이는 충격이 큰 것 같다. 사실 겉보기엔 그렇게 남 부러울 것 없어 보이는 멋쟁이 선생님이셨겠지만 암을 겪은 사람이라면 속내는 얼마나 살얼음판 위였겠는가? 어느 날 얼음 구덩이로 곤두박질 한 심정으로 실낱같은 희망을 붙잡고 사투를 벌이고 계신 상태겠지.

누구에게서 시작되었는지 모르지만 천 마리의 학을 접어 선생님께 드리자는 말이 돌기 시작했고, 우리 아이도 시험 기간 중 간간이 학 접기를 하였다. 잔꾀가 많은 아이가 바쁜 탓인지, 색종이를 잘라서 식탁위에 모아 놓고, "아빠도 한 번 접어 보세요, 아주 재밌어요. 엄마도 한 번? 동생도 한 번?"

그 말에 속아 너도 나도 누가 예쁘게 접나 내기라도 하듯 지나가다 하나, 밥 먹기 전에 하나, 디저트 기다리다 하나, 이렇게 우리 가족은 정성을 모아 미세스 캘리를 위한 종이학을 접기 시작했다. 하루는 햇볕에 그을린 까맣고 오동통한 손으로 작은 색종이를 곱게 접어가며 아들이 묻는다.

"엄마, 이 학 접기는 누가 시작했는지 아세요?"

글쎄다. 아마 종이를 발명해낸 중국에서 시작되지 않았을까? 옛날엔 종이가 귀해서 종이로 만든 무엇을 집에다 두면 좋은 일이 생긴다든지 존경을 받는다든지 하는 생각에 종이 접기가 탄생되었다는 얘기를 들은 적이 있거든.

"아니고요. 일본여자 아이가 천 마리 학을 접으려다가 팔백 마리 밖에 못 접고 죽었대요."

그녀의 이름은 사다코 사사키라고 했다. 히로시마에 원폭이 터졌을 당시 두 살이었던 사다코는 다행히도 멀리 있어서 즉각적인 죽음이나 부상을 피할 수 있었지만, 5학년이 되었을 때 방사능으로 인한 백혈병이라는 진단을 받고 투병생활에 들어간다. 이때 지인으로부터 천 마리의 학을 받고 자기가 천 마리를 다시 접으면 행운이 오리라는 믿음으로 학 접기를 시작했다. 그러나 사다코는 800마리밖에 접지 못하고 죽고 말았다. 그 후 사다코가 꼭 가보고 싶어 하던 히로시마의 원폭자 추모 평화 공원에 사다코의 비석이 세워지고 그때부터 학 접기는 전 세계에 희망의 메시지가 되었다는 스토리였다.

"거봐, 그러니까, 사다코 전에 이미 학 접기가 일본에 있었다는 거잖아. 그건 당근 중국에서 건너왔을 거야."

엄마의 자존심을 좀 지켜보려고 했지만, 언제부터인지 아이들에게서 배우는 게 더 많다는 걸 뼈저리게 느끼고 있다.

얼굴도 모르는 여선생님을 위해 열심히 정성들여 만든 이 종이학들. 얼른 천 마리 학의 정성이 모아져 죽음의 문턱에서 괴로워하고 있을 미시즈 캘리에게 꼭 희망과 행운을 날라다 주길 기도해본다.

2.

내 눈의 들보

나는 오랫동안 시력 2.0의 수퍼 파워 여인이었다. 나와 함께 고속도로를 달리면, 아무도 보지 못하는 도로표지판을 제일 먼저 읽고 안내를 해주기 때문에 동승한 사람들이 감탄을 하곤 했다. 그러던 내 눈에도 이상이 오기 시작했다. 눈이 찌르듯 아프고 잘 안보이고, 두통도 생기고… 햇빛이 너무 센 호주에서 살았던 탓일까? 혹시? 안과에 가보니, 시력이 좋던 사람은 노안도 빨리 온댄다. 호주의 날씨 탓이 아니라, 많아지는 나이 탓이었다.

"이번에 사온 노트북이 너무 콤팩트형이라 글이 작게 보이잖아?"

상당히 사기 싫었던 돋보기라는 생경한 물체를, 일단 사두긴 했지만, 뭐 쓸 일이야 설마 많겠어? 이렇게 미워하며 모셔두었던 돋보기를, 공부하던 아이들도 잠이 들고 뉴스에 매달리던 남편도 코고는 어스름한 새벽녘 컴퓨터 앞에 마주앉아, 아무도 안 듣는 투정을 입속으로 웅얼거리며, 은근슬쩍 끼어보니, 왜 이리 작던 글씨가 크고 시원하게 잘 보이냐? '허참, 뺐다 끼었다를 반복하며 감복을 하고 있다가, 물을 마시러 부엌으로 갔다. 어머나 세상에나….

어제도 청소기를 돌리고 깨끗이 치웠다고 자부하던 부엌 바닥에 웬 머리카락들이 텍사스 사막에 마른 덤불 굴러가듯 굴러다니고, 그러고 보니, 밥 할 때마다 행주로 닦았던 밥통 위에 묻은 고춧가루 하나며, 잔 먼지며, 싱크대 주변의 깔끔하지 않은 물때들이며….

가슴이 쿵 내려앉아, 물 먹는 것도 잊어버리고 다시 제 자리에 돌아와 앉았다. 아이들에게 철저히 제 주변을 치우라고 잔소리 하던 엄마, 아이들은 이 엄마가 관리하는 집안의 청결 상태가 이리도 엉망인 걸 알면서도 한마디 항거도 없이 엄마의 잔소리를 묵묵히 감내하고 있었단 말인가? 남편도 이렇게 지저분한 여자와 여지껏 아무 불평 한마디 없이 살아오고 있단 말인가? 그러면서 당신 머리카락 좀 흘리지 마. 변기 좀 깨끗이 써…, 그런 구박을 다 한 귀로 흘리며 말로만 깔끔을 떠는 여자를 참아 오고 있었나?

가만히 두 손을 내려다보았다. 군데군데 구멍이 뚫린 매니큐어에 잔 마디 몇 개 더 있어 보이는, 내 손이라고 믿고 싶지 않은 여자의 손이 무릎 위에 얹혀있다.

안방으로 들어가 잠자고 있는 남편 얼굴을 가만 들여다본다. 평소에 몰랐던 점이 왜 이리 많으며 대낮에도 안 보이던 흰머리는 언제 이렇게 늘었어? 그래서 나이가 들면 자기 얼굴, 배우자 얼굴의 주름 보지 말라고 눈도 어두워지는 것인가?

참 고마운 하나님의 섭리다!

딸아이의 침대 머리맡에 조용히 걸터앉아 비단처럼 곱고 빤빤한 줄만 알았던 얼굴을 쓰다듬어 본다. 이제 시작하려는지, 머리카락 덮인 이마 사이로 삐죽이 고개 내민 자잘한 여드름들. 돋보기가 아니었으면 하나 밖에 없는 딸애의 여드름도 못 보고 인생을 지나칠 뻔하였다.

이불을 다 걷어 차 낸 아들 얼굴을 들여다본다. 한참 전에 없어진 줄 알았던 솜털이 아직도 얼굴에 보송보송하다. 오동통한 두 뺨에 눈물 젖은 입맞춤을 해본다.

언젠가, 눈이 어두워진 어머니가 싸주신, 머리카락 든 도시락을 그리워하던 어떤 효자의 글을 읽으며 흘렸던, 똑 같은 눈물이 아들의 두 뺨에 뚝뚝 떨어졌다.

- 2007년 5월 29일 『사랑밭 새벽편지』에 실림

-『미즈앤』 303호에 실림

개똥벌레들의 사랑

노랗고 빨갛게 물드는 은행나무, 단풍나무도 없고 떨어지는 낙엽 밟을 일도 없는 브리즈번에서는 가을이 가는 건지 겨울이 오는 건지 계절 바뀜에 무뎌지지만, 보라색 자카란다 꽃바람이 몰고 오는 봄만은 황홀한 향기의 축복을 받으며 화려하게 계절의 문을 연다. 그래봤자 여기 오래 살면, 일 년 내내 여름이다. 따듯한 여름, 찌는 여름, 시원한 여름, 쌀랑한 여름… 선선한 봄날의 밤바람이 상쾌하여, 남편과 함께 집을 나섰다. 얼마 만에 함께 걸어보는 보랏빛 꽃길인가? 연애할 땐, 꽁꽁 어는 서울의 캄캄한 살얼음판도 헤어지기 싫어 다리가 아프도록 걸어 다녔었건만 이젠 달콤한 꽃향기의 유혹이 아니고는 밤길을 같이 어슬렁거릴 이유가 없다.

하늘을 올려다보니, 까만 하늘에 별이 총총… 갑자기 동심이 되어 북두칠성도 찾아보고 흘러가는 은하수도 바라본다. 그러다 문득 이 캄캄한 하늘이 그 캄캄한 동굴인 것 같은 착각에 빠져버렸다. 와이토모 동굴, 저 위에서 반짝이고 있는 것은 과연 별들인가, 반딧불이들인가?

몇 년 전, 뉴질랜드에서 보았던 반딧불이들이 우주를 가득 채우며 브리즈번 머리 위에서 깜빡이고 있는 듯, 등 뒤에서 살랑 밀어 부는 봄바람은 꼭 까만 물결 위를 사르르 밀려가던 배 안의 그 느낌 그대로다. '번지점프를 하다'라는 영화에 나온 사랑하는 남녀는 뛰어 내리려고 뉴질랜드까지 찾아가던데, 타고난 겁쟁이인 나는 그 앞에 가 서 있으면서도 점프를 못했다. 와이토모 동굴에서도 wild rifting이나 lost world 같은 멋진 체험 코스들이 있었지만, 내가 할 자신이 있었던 것은 단지 안전한 배에 앉아 고요하게 깜빡이는 반딧불이들을 감상하는 것뿐이었다. 와이토모(Waitomo) 동굴은 해밀턴에서 두 시간 여를 달리다 보면 나타나는 석회암으로 된 종유동굴이다. 1887년 영국의 탐험가 프레드와 마오리 추장이 함께 발견하였다는데, 안전을 위해 계단도 만들고, 예쁘고 역사적인 가치가 있는 어패류나 동물화석 등의 고고학적 가치가 높은 것들 앞엔 특수 조명도 붙이고 별명도 붙이고 사람들이 접근할 수 없도록 철망까지 해놓았다.

멀고 먼 옛날 그렇게 캄캄하고 깊고 무서운 동굴을 차가운 물속까지를 잠수해가며 관광코스로 발견해낸 사람들은 얼마나 용감했을까? 마오리족은 무척 무섭게 생겼으니까, 그들 중에서도 추장은 제일 무섭게 생겼을 거고 아마 그런 얼굴에서라면 그런 엄청난 용기도 나오는 것이겠지. 200만 년이나 되었다는 종유동굴답게 너무나 신비로운 석순과 종유석들이 즐비했다.

우리 일행을 안내하던 아저씨는 내리 깔리는 어둠과 완벽하게 조화를 이루는 특유의 저음에다 절제된 행동과 표정, 그리고 다음 설명을 들으러 관광객들이 다시 다 모일 때까지 아무리 오래 걸려도 침묵으로 기다려내는 그 인내심이 산 속에서 몇 년씩 도를 닦은 수행자들과 다름없다. 동굴 속의 수행자. 손에 땀을 쥐며 가파르고 좁은 계단들을 오르락내리락, 종유석들을 다 보고 나서야 우리는 조용히 배를 탔다. 말이라도 하면 반딧불이들이 빛을 내지 않는다고 하여 우리는 눈빛으로만 서로의 위치 확인하며 안부를 물어야 했다. 배를 젓는 사람도 또 다른 수행자이다. 뱃사공 수행자. 아무 말 없이, 열 명 남짓한 일행을 일사분란하게 조용히 배에 태우고 옆 사람의 얼굴도 식별이 안 되는 어둠 속에서 자기만 아는 종착지를 향해 배를 저어 간다. 그리고 우리는 목이 꺾어져라 위를 쳐다보고 있었다. 바로 그 동굴 천장인지 하늘인지. 거기에서 깜빡, 깜빡, 여기서도 저기서도 반딧불이들이 깜빡였다. 신비한 에메랄드빛들이 깜빡였다. 아니, 별들이 깜빡였다.

안내원은 그런 설명을 해주지 않았지만 반딧불이들은 사랑을 나눌 때 더 밝은 빛을 발한단다. 그러니 그 많은 반딧불이들이 사랑을 나누는 장면을 감상하면서 입을 꾹 다물고 침만 꼴깍꼴깍 삼켜야 하는 것은 당연한 에티켓이다.

저 멀리서 보석으로 반짝이는 비행기 한 대가 동굴 속 연못 위를 미끄러져가던 배처럼 깜빡이는 별들 사이를 조용히 날아가고 있다. 1센티짜리 반딧불이만큼 보잘것없는 우리들도 아끼시는 하나님은 지금 이 순간, 남편과 맞잡은 손에서도 반짝이는 작은 빛을 보실 수 있을까? 어둠과 적막 속에 고요히 잠자는 이 작은 마을, 집집마다에서 새어 나오는 수많은 빛들도.

거미줄 눈이 내리다

새벽안개가 옆집도 지워버릴 만큼 심했다. 걷기를 좋아하는 남편은 아무것도 안 보이는 안개 속이라도 늘 걷던 산책길이니 괜찮다며 고집을 피웠다. 고도까지 높은 공원의 산책길은 과연 구름 위 딴 세상에 올라온 듯, 하늘도 땅도 온통 희뿌연 안개뿐. 중절모에 바바리코트를 걸친 중년신사가 런던의 짙은 안개 속 가스등 아래에서 누군가를 감쪽같이 살해하고 사라지는 영화를 하도 많이 본 탓인지, 주머니 속에서 찬 손을 녹여주고 있는 남편의 따듯한 온기를 느끼면서도 무엇인가 두려워져 보이지도 않는 안개 속을 자꾸만 뒤돌아보았다. 저 멀리서 달려오는 자전거나 지나쳐 가는 강아지와 주인들, 높은 유칼립터스 나무 위에서 지저귀는 갖가지 새들이 보여야 할 공원은 새로 넘긴 스케치북처럼 아무것도 없는 빈 도화지다. 파란 하늘 위에 떠다니던 새하얀 구름 덩어리들이 흐물흐물 풀어져 내려 세상을 다 덮어버린 것처럼. 어디까지가 하늘이고 어디까지가 땅인지 구별할 수도 없는 연회색의 거대한 솜뭉치 속을 남편과 둘이 터벅터벅 걸어 들어갔다. 이 심한 안개 때문에 오늘은 아무도 안 왔나봐. 새들도 안 오고 코알라나 캥거루도 숨어 있나 봐. 간혹 밟히는 바스락 나뭇잎 소리 외엔 들리는 소리조차 없는 안개 속을 얼마나 걸었을까?

안개 입자 하나 하나를 비집고 들어오듯 스며들기 시작한 아침 햇살이 제일 높은 나무 위에서부터 수채화 같이 연한 색깔들을 살며시 칠하기 시작했다. 파아란 하늘 아래 다양한 초록색 그리고 갈색의 나뭇가지들과 길 위를 덮고 있는 쑥색의 마른 풀잎들. 언제 그랬냐는 듯 안개 안대가 벗겨지자 내 집 마당처럼 걷곤 하던 낯익은 들판이 스케치북의 다음 장을 펼친 듯 나타났다. 아, 그런데 이건 또 웬일일까? 드넓은 들판에 가득 쌓인 새하얀 눈발들이 모습을 드러낸 것이다. 겨울은 틀림없지만 낮 기온이 25도씩도 올라가는 남반구 호주, 그중에서도 따듯한 브리즈번. 단 한 번도 눈이 내린 적 없는 이곳에 아닌 밤에 홍두깨도 아니고 눈이 웬 말이란 말인가? 너무나 신기하여 가까이 가 보니 풀잎과 나무 위에 하얗게 쌓여 있는 것은 놀랍게도 눈이 아니라 거미줄들. 방금 비추기 시작한 햇살에 보석처럼 반짝이는 이슬로 예쁘게 장식되어 있는 거미줄들이었다. 어젯밤 어디선가에서 거대한 거미군단들이 나타나서 이 광활한 공원을 다 점령하고 밤을 꼬박 새워 저 많은 거미줄을 다쳐 놓고 사라졌을까? 이 숲속에 무진장 많이 어우러져 살고 있을 온갖 벌레들을 다 잡아 먹으려고?

곰곰 생각해 보니, 저렇게 많은 거미줄은 아마도 항상 거기 그렇게 있어왔던 것 같다. 우리는 그 많은 거미줄들을 늘 보면서도 모르고 지나쳤던 거였다. 남편과 나, 어느 땐 아이들까지 여덟 개의 눈동자를 뻔히 굴리고 다녔는데도 단 한 번도 만나지 못했던 그 엄청난 거미그물들. 화려한 색채의 다른 사물들을 다 가려서 볼 수 없게 만든 후에야 그 존재를 드러내며 보여준 뽀얀 안개 덕에 발견한 놀라운 거미의 작품들. 수많은 거미들이 심혈을 기울여 짜놓았을 그 가느다랗고 섬세한 창작품들을 미처 보지 못한 채, 우리는 늘 멀리서 뛰어 오는 귀여운 강아지나 마주치며 인사를 나눠야 하는 사람들, 위험해서 피해야 하는 자전거들, 신기하게 올려다봤던 말들, 그리고 청아하게 아침 노래를 불러주는 새들에게만 시선을 주고 다녔던 것이다.

데이빗 보더니스가 쓴 시크릿 하우스에 보면 삼억 년 전까지 거미와 함께 진화하던 진드기 얘기가 나온다. 현재의 거미가 겹눈을 가지고 곤충을 사냥하는 육식동물이 된 반면, 진드기들은 큰 동물들이 흘리는 영양분을 주워 먹으며 조용히 사는 존재로 전락했다. 징그럽게 생긴 진드기들은 침대에서나 양탄자 위, 심지어 속옷 속에서도 무진장 많이 함께 살고 있다. 하지만 육안으로 보이지 않기 때문에 그 존재를 잊을 수 있고 청결

한 척 살 수 있었던 것이다. 그러나 바퀴벌레나 나방 같이 큰 곤충들조차 훈장처럼 드문드문 달고 있는 그 커다란 거미줄들이 산책길 양 옆으로 즐비하게 설치되어 있었건만 모르고 다녔다는 건 믿을 수 없을 만큼 이상하다. 두 눈 멀쩡히 뜨고 매일 보면서도 다른 것을 안개가 다 가려놓고 그것만 보여줄 때까지 모른 척했다니. 그런 것은 아예 없는 양 그렇게 다녔다니. 도대체 우리의 오감은 어느 정도까지 믿을 수 있는 걸까? 시각장애인이나 청각장애인이 아니라면 우리는 실재하는 것을 모두 다 보고 있는 걸까? 어디로부터인가 나는 소리들은 빠짐없이 다 듣고 있는 걸까?

어렸을 땐 눈썰미가 있다는 소리를 꽤 많이 듣고 자랐다. 그러다 큰아이를 키우면서 내 눈을 불신하게 되었다. 같은 영화를 보고 나서 내가 못 본 장면을 그 아이가 얼마나 많이 보았는지 알게 되었기 때문이다. 내가 배우들의 표정이나 몸짓, 옷 등만 보고 있을 때 아이는 배경에 놓여 있는 자질구레한 소품까지 나보다 몇 배나 더 많이 보고 있었기 때문이다. 물론 이젠 나이까지 한 몫 해서 몇 해 전까지만 해도 뻔히 보였던 작은 글자들도 안경이란 도구가 없으면 점자책인지 흰 종이에 줄지어 가고 있는 개미들인지 구분할 수 없게 되었다.

청각에 대해서도 마찬가지다. 소리에 민감한 사람과 아닌 사람의 차이는 천양지차이다. 어느 날 TV를 켜놓고 저녁을 먹고 있었다. 나머지 식구들은 아무 소리도 못 들었는데 갑자기 아들이 뒷마당에서 이상한 소리가 들린다며 TV소리를 줄이는 것이었다. 귀를 쫑긋 세우니 어디선가 쿵쿵 소리가 들리는 것 같았다. 그런데 내겐 옆집 소리 같고 남편은 이층에서 났다고 하고 딸은 대문 밖 소리 같다고 했다. 계속되는 소리를 따라가 보니 실제로 뒷마당의 창고 문이 바람에 열려서 쿵쿵 거리고 있는 것이었다. 어느 날 어떤 노인이 가르쳐준 자가 청력 테스트가 있다. 귓볼 바로 옆 머리카락을 손으로 비벼 봐서 바삭바삭 소리가 들리면 그쪽 귀의 청력은 아직 쓸만한 것이라는 것. 그 노인은 자기 머리카락의 소리가 두 쪽 다 들리지 않는다고 슬퍼하셨다.

아직은 안경 없이 마주치는 이웃과 인사 나눌 수 있고 양쪽 귓가의 머리카락 소리를 들을 수 있지만, 내가 보았다는 것은 얼마나 확실하며 내가 들었다고 느끼는 소리는 얼마나 정확할 것인가?

하얗던 안개 대신 환한 햇살이 숲속을 가득 채우고 평상시처럼 온갖 청량한 색깔들로 이루어진 나무며 들꽃이며 들풀들의 향연이 눈앞에 펼쳐지자 슬그머니 사라져 버린 거미그물들. 그렇지만 이젠 그들도 숲속 식구들의 일원으로 늘 거기서 함께 살고 있다는 걸 잊어버리지 않을 거다. 눈에 뜨이지 않을지라도. 설사 보이지 않을지라도.

오늘 안개가 가르쳐준 또 하나의 세상 이치를 통해 겸손히 마음을 가다듬어 본다. 잘난 척, 아는 척, 꼼꼼한 척, 확실한 척, 그렇게 살아온 지난날들이 부끄럽다. 눈을 뜨고 있으되 뭘 제대로 보고 있으며 귀는 열려있으되 뭘 제대로 듣고 있나?

사브리나와 마가렛

사브리나는 한국의 어머니 옆집에 사는 50이 조금 넘은 골드미스 아가씨다. 스타일이 좋다보니 사실 보기에는 40대 초반으로 보인다. 십여 년 전 어머니를 여의고 아버지와 단둘이 살고 있는데 87세이신 우리 어머니에게 늘 살갑게 찾아와 음식도 나누고 공연에도 초청해 함께 가고 시간 날 때마다 카페에서 차를 함께 마시며 딸 노릇을 하고 있는 어머니의 친구다. 딸보다 어린 사람인데 진숙씨라고 부르기가 아리송하다고 했더니 "친구에게 진숙씨가 뭐예요? '사브리나'라고 부르세요. 요즘은 세계가 한 지붕이니까 어머니도 영어이름 하나 만드시고요."

그러기에 "나도 영어이름 있지. 마가렛." 얼떨결에 어머니는 그렇게 말씀하셨단다. 그래서 사브리나와 마가렛은 한국에서 다정하게 우정을 나누고 있다.

사브리나의 조카가 브리즈번에 워홀로 왔다고 하니 얼마나 반가운지. 바로 다음날 나가 샤브샤브 뷔페로 저녁을 사주고 여기 31년이나 살고 계신 인맥 넓은 언니도 소개시켜 주었다.

그날 저녁에 돌아와 딸에게 사브리나와 조카에 대해 얘기하며, "그런데 어머니는 왜 하필 마가렛이라는 이름을 지으셨을까?"

혼잣말을 하며 고개를 갸웃갸웃하고 있었더니 "외할아버지가 제일 좋아하셨던 과자가 마가레뜨였잖아요!"

딸이 금방 해답을 찾아냈다. 아! 그랬었구나!

어머니는 평생 아버지께 달콤한 여자이고 싶으셨나 보다.

어머니께 직접 물어보지 않은 게 다행이었네.

함께 울 뻔했다.

사브리나는 돌아가신 자기 어머니 대신 우리 어머니 마가렛을 위하고 보살피고 우리 어머니는 먼저 보내신 아버지와 먼 타국에 사는 딸 대신 옆집 사브리나를 사랑하고 아끼며 아름다운 친분을 쌓고 계시다. 나도 이젠 사브리나의 조카에게 호주 사는 이모다.

군기 빠진 호주사람들

과거에 알던 사람들은 나를 어떻게 기억할까? 사람은 자꾸 변해간다. 무척 활달하던 어린 시절에서 극도로 소극적이던 청소년기를 지나 나름 까탈스럽기도 했던 이십대를 거쳐 나오면서, 상당히 낙천적인 사십대로 변해왔다고 자부하는 나. 그래서인지 늘 별로 좋지 않은 기억들은 다 지우고 아름다운 추억들만 간직하는 편이다. 앞으로는 더 그러리라고 다짐해보는데, 며칠 전 나왔던 호주에 대한 뉴스 한 토막이 착한 아줌마를 또 까칠하게 만들었다. 한국을 설명한다면서 남한 지도에다가 한국 국기 대신 인공기를 붙여놓은 것이다. 아니 한국 유학생이 얼마나 많은 달러를 갖다 바치며 한국에서 사가는 소가 몇 마리인데 아직도 한국과 북한을 구별 못하나?

호주사람들은 진짜 구별 못한다. 부모님께 선물을 보내려고 우체국에 가서 코리아라고 주소를 말하면 노스 코리아냐고 꼭 먼저 물어본다. 알파벳에서 그쪽이 먼저 나오는 관계로. 북한과 남한 절대 구분 못하고 그런덴 관심도 없는 사람들이다. 아들의 학교에서 학생 신분 확인서를 보내왔는데 아들의 라스트 네임이 킴(kim)이라 그런지 본적 란에 북한이라고 써놓은 것이다. 아들에게 빨리 가서 사우스 코리아라고 고쳐달라고 했더니 아들은 자기가 김정일 손자라고 하겠다면서 웃고 넘겼었다.

아무리 여기 살고 있지만 엄연한 한국인으로서 마악 짜증이 나려고 하던 참이었다. 그런데 마침 애들 학교에서도 잠자던 한국인의 코털을 건드리는 메일이 한 장 날아왔으니… 이미 그 학교를 졸업한 딸이 3년 전에 다녀왔던 학교 임원 수련회비와 2년 전에 다녀왔던 포멀 파티 참석비가 연체되었으니 어서 내달라는 통지였다. 당장 두 팔을 걷어붙이고 마침 시간이 좀 난 딸아이를 앞세워 교무실로 찾아가 따졌다. 그런데 얘네들, 내 무서운 눈빛에 전혀 기도 안 죽고 무조건 영수증이 없으면 다시 돈을 내라는 거다. 영수증은 5년에서 7년 정도 보관을 해야 된다나?

"여보세요. 댁은 다 보고 나온 영화티켓을 7년이나 보관하고 계신가요? 다 먹고 나온 음식점 영수증도?"

이번엔 진짜 짜증이 나서 직접 돈 받았던 여자를 찾아 고등학교 교무실까지 내려갔다. 마침 자리에 있어 만날 수 있었던 담당자는 자기 불찰이라며 고지서만 복사해 놓고 가라고 한다. 미안하다고. 진즉에 그럴 것이지.

이 작은 사건은 가만히 가라앉혀가던 악몽의 호수에 큰 바위

돌이라도 던진 듯 그동안의 이런 저런 말도 안 되는 황당한 에피소드들을 뇌리 속에 둥둥 떠올리게 만들었다.

처음 유학 오던 해. 한국에서 이미 수속을 다 마치고 학교 다니기 시작한 지 반 년도 더 지나서 갑자기 두 아이의 1년치 등록금을 내달라는 고지서가 날아왔다. 만약 한국에서 송금했던 은행자료를 가지고 오지 않았었다면 참 골치 아픈 일이 될 뻔했다. 다음 해엔 정기 예금에 넣어놨던 돈 이자를 틀리게 주질 않나? 꼼꼼한 남편이 계산기 들고 가서 복리 계산법 가르쳐 가며 다시 환불 받아야 했다. 어떤 호주 할머니 한 분은 몇 백만 불이나 되는 돈이 은행계좌에서 그냥 사라져서 빈털터리가 되었다고 뉴스에 나와 하소연을 하기도 하더라. 여기 주소 뻔히 있는데, 한국 집으로 날아가는 우편물은 뭐 수도 없이 많다. 비싸게 주고 보낸 빠른우편보다 일반우편이 더 빠르고 안전하게 간다는 게 몇 년 살아본 나의 경험담이기도 하다. 이사할 때마다 전화 연결도 뭔가 실수가 있어서 며칠씩 늦어지기 일쑤고, 어떤 교민은 투자용으로 사두려던 아파트를 변호사가 주거용으로 기입한 바람에 멀쩡하게 살던 집을 팔고 하는 수 없이 아파트로 이사를 가게 되었다고 하기도 하고. 렌트비를 관리하는 공인중개사 사무실에 근무하는 사람들도 뻑 하면 숫자를 잘못 쓰거나 이름을 틀리게 쓴다. 이럴 때마다 남편과 내가 눈 마주치며 늘 하는 말은 "군기가 빠졌군." 아니면 "당장 잘라야 되는데." 또는 "이러고도 나라가 돌아가나?"

그런데 어떤 때는 이러면서도 잘만 살아가는 호주사람들이 부럽기도 하다. TV뉴스 진행자도 실수를 하고 자연스럽게 그냥 웃고 넘어가며, 은행 창구에서 직원이 딴짓 하거나 한 손님과 개인적인 얘기 하면서 시간을 끌어도 뒤에 쭈욱 줄 선 사람들이 불평 한마디 없이 기다린다. 버스 운전자들은 차 세워놓고 승객들이 다 기다리고 있는데 커피 마시러 가거나 지나가던 친구와 대화하기도 한다. 그런데 그렇게 군기 빠지고도 안 짤리는 사람들의 입장이 되어 생각해 보면, 참 편하고 감사한 세상이다. 뭐 이래도 한 평생 저래도 한 평생인데 열 받고 살 일이 뭐 있겠는가? 좋은 게 좋은 거지.

이라크에서 죽은 병사의 시신이 돌아왔을 때는 멜번에 도착해 보니 시신이 바뀐 거였다. 미국 군인들처럼 전사자가 많은 것도 아니고, 처음으로 딱 한 명 죽었는데 말이다. 그 거창한 국가적인 장례절차에서 가족이 시신이 바뀐 것을 알고 그때서야 이라크로 다시 바꾸러 갔다니, 무슨 말을 더 하겠는가? 그런데도 이 나라 사람들은 촛불 한 개 들 줄 모르는 그저 편하고 넉넉한 사람들이다. 그러니 남의 나라 국기 좀 틀리게 그렸다는 게 뭐 별 대수겠는가? 짜증내면 나만 손해다. 쓸데없이 떠다니던 짜증 불만들을 다시 차분히 가라앉히고, 그저 맑은 공기와 파란 하늘을 조용히 올려다보며 깊고 평안한 감사를 보낸다.

그 개는 어디로 갔을까?

봄 햇살이 기지개를 켜는 새벽, 남편 손 꼭 잡고 문 밖을 나섰다. 대문 안도 밖도 전부 공원인 호주에서 그래도 걸음수를 더 늘려보려고 무작정 집을 나선다. 우리 같이 나선 사람들을 만나 인사도 나누면서. 그중에서도 한결 반가운 친구들은 어느 구석이든 자기 빼닮은 애완견을 데리고 다니는 사람들이다.

개의 주인끼리는 꼭 아기들이 몇 살인지 성별은 무언지 이름은 무언지 어디쯤 사는지 물어보고 지나치므로 한결 친근하다. 어떤 때는 쫄랑쫄랑 어떤 때는 사뿐사뿐, 주인과 보조를 맞춰 걸어가는 강아지들은 동물을 좋아하는 내겐 보기만 해도 기쁨이었고 남편에겐 감동이라고 했다.

"어쩜 호주 개들은 저렇게 얌전히 주인을 따라 다닐까?"

"개니까 그러지."

"아냐. 옛날에 우리 집에서 길렀던 개들을 생각해보면, 일단 문만 열렸다 하면 천방지축 난리를 치면서 껑충껑충 온 동네를 뛰어 다녔는데."

호주 개들은 진짜 얌전히 주인 곁에서 보조를 맞추며 걸어간다. 가끔 목줄을 하지 않은 개들도 마찬가지다. 목줄을 하지 않고 다니는 것은 불법이지만 워낙 개 학교도 많고 훈련을 잘 받은 수준 높은 개들이 많아 오히려 목줄을 하지 않은 개들은 더 완벽하게 주인에게 복종하며 멋지게 걸어가기 때문에 별로 위협적이지 않으며 더 신뢰가 가기도 한다.

그런데 오늘 아침은 좀 이상했다. 막 피어오르고 있는 봄꽃들이 여기 저기 탄성을 자아내게 하는 공원의 너른 잔디밭에서 지팡이에 의지한 한 백인 할아버지가 갈색의 예쁜 포메리안과 함께 걸어오고 있는 장면을 보고 있었는데, 머리 위를 날아가는 새소리가 너무 고와서 잠시 눈을 들어 찾고 있는 사이, 어느 순간 목줄이 풀어졌는지 강아지가 열심히 도망을 가는 게 아닌가? 뛰지도 않고 쫑긋 두 귀를 세우고 꼬리는 엉덩이 아래로 착 내려붙인 채 그저 묵묵히 앞으로만 열심히 빠른 속도로 걸어가고 있었다. 주인 할아버지가 다리가 불편하여 자기를 따라올 수 없단 걸 잘 알고 있는 것처럼, 그저 같은 속도로 계속, 뒤도 돌아보지 않고 앞으로만 곧장 네 발로 열심히. 화들짝 놀라서 어이가 없으신지 두 손으로 비틀비틀 쓰러질 듯한 몸을 지팡이에 겨우 의지한 채 넋을 놓고 있는 할아버지를 한 번 뒤돌아보았다가 멀어져가고 있는 개 한 번 보았다가 하면서 안타까워만 했다. 마음 같아선 얼른 뛰어가 냅다 안아다가 할아버지에게 가져다주고 싶었지만. 뭐 개의 견격이란 것도 있을 거 같고 뭔가 그 강아지의 뒷모습은 이혼 도장을 찍고 법원 앞에서 결연하게 남편을 떠나가는 홀가분한 여자의 뒷모습 같기도 해서 우리의 두 발은 할아버지와 개 사이에서 어쩔 줄 모르고 붙박여 있었다. 눈앞에서 한 외로운 노인과 그의 애완견은 그렇게 헤어지고 말았던 것이다. 참 서글프고 처연한 장면이었다. 이런 일도 다 있네? 세상에 별 일이야. 남편과 혀를 차고 있는데, 곧 이어 또 다른 아줌마가 개 두 마리를 목줄로 끌며 우리를 지나치고 있었고 이번에도 그중 작고 하얀 시추 같은 강아지가 갑자기 안 따라 가려고 길 위에 떡 버티고 앉아 버리는 것이 아닌가?

이번 강아지는 학대하는 부모를 거부하여 가출이라도 하고 싶은 심술궂은 아이를 연상시킨다고나 할까?

개들이 긴 혀를 쑥 빼고 사람보다 더 헐떡거리기는 해도 대체로 열심히 따라가는 것이 보편적인 일인데 말이다. 오늘은 개들이 반란을 일으키기로 결의라도 한 날일까? 독립 쟁취 코스프레의 날? 아니면 가출 플래시 몹을 이 공원에서?

살다 살다 이런 이상한 날은 처음 본다. 강아지들이 내게서 도망친 것도 아닌데 왠지 기분이 우울해지고 다리에 힘이 풀려 더 멀리 가지 못하고 작은 내 공원으로 돌아왔다.

그 개는 어디로 갔을까? 확실한 목적지나 찾아가고 싶은 주인이 따로 있지도 않았을 텐데. 남들이 보면 주인이 버린 줄 알거나 집 잃어버린 강아지인 줄 알 텐데.

집에 들어와 스트레칭을 하면서 생각해보았다.

그렇게 여기 저기 떠돌이 개가 되어 돌아다니다가 털이 길어 눈을 가리고 먹을 것은 없어 살은 빠지고 뭉친 털에 진흙이 묻어 알아볼 수도 없이 엉망진창이 되어 동물보호소로 잡혀가겠지. 그러다가 몇 주 동안 전 주인이나 새 주인이 안 나타나면 그냥 안락사를 당할 텐데….

다리가 불편하고 늙어버린 주인 할아버지가 자기와 맘껏 재미나게 놀아주지 못해서 심심했을지라도 그래서 만족스럽지 않은 주인이었을지라도 할아버지 곁에 있는 게 더 좋지 않았을까? 그 어리석은 개는 앞뒤 가리지 않고 주인에게서 도망치고 싶은 마음에 결단을 내렸겠지만 며칠을 굶으며 지저분한 모습으로 돌아다니다가 동물보호소의 쇠창살에 갇히고 나서야 후회하겠지. 길거리 자유를 즐기던 개들을 잡아가서 가두려고 인간들이 만들어 놓은 곳. 새로 입양해가거나 찾아오는 주인이 없다면 며칠 만에 죽여 버리는 법이 행해지는 곳이 있다는 것을 안 후에야. 호주는 애완동물 보유율이 세계에서 가장 높은 나라로 전체 가구의 36%가 강아지를 기르고 있는데 해마다 수

많은 유기견들이 안락사를 당한다고 한다.

그 아둔한 개는 그런 끔찍한 운명이 자기를 기다리고 있다는 사실을 몰랐을 테지. 그렇게 될 줄 알았다면 아마 할아버지 곁에서 아직도 불만스런 발걸음으로 쫄래 쫄래 따라 다니고 있었을지도 몰라. 불쌍한 바보.

이런 무서운 법이 있는데도 모르는 개들은 주인들을 떠난다.

어리석은 양들이 목자를 떠나듯이.

코알라 파크에 없는 코알라

우리 집 근처 코알라 파크를 몇 년 간 그렇게 돌아다녀도 코알라를 못 보았다. 너무 코알라가 보고 싶어 공원 사무실 안에 모시고 있는 코알라 한 마리를 챙겨보긴 했지만.

공원 입구에는 코알라 그림 크게 그려놓고 코알라나 월나비(작은 캥거루)가 지나가니 차를 조심스럽게 운전하라고 표지판도 세워놓았는데.

언제든 여기저기 나타나는 월나비들처럼 빽빽한 유칼립터스 나무들 위 어딘가에 코알라들도 꽁무니를 박고 자고 있을 거라고 신주 믿듯 믿었다. 그래서 목이 꺾어져라 나무 위만 올려다보며 다녔다.

공원 옆 애들 학교에도 나타난다는 코알라. 여기서 놀러간 걸 테니 반드시 있을 거야.

초록이지만 햇볕에 부서져서 희뿌므레 연갈색이나 회색으로도 보이는 나무들이랑 너무 비슷한 색이라 눈에 잘 안 뜨일 수도 있어. 돌부리에 걸려 넘어져도 나무 속만 올려다보며 다녔다. 그런데 없었다.

한참 전 멜번에서 거대한 화재가 나서 80여 명이나 되는 인명피해가 났을 때 어떤 코알라 한 마리가 소방관들에게서 물병의 물을 얻어먹으며 살아나는 장면이 하도 감동적이어서 그랬는지 공원에 갈 때마다 물병을 꼭 챙겨가지고 다녔다. 그런데 한 번도 만나지 못했다.

그래서 멸종 위기 동물(Endangerd Animal)인가 보다.

우리 집 앞에도 '호랑이 공원'이라고 팻말 세우고 '호랑이가 나올 수 있으니 조심하세요.'라고 써 붙일까 보다.

삼십년 세월의 변화

주말이면 아들은 여러 친구들 집에 초대를 받는다. 요즘 몇 번은 중국인 피렌네 집. 어머니는 계시니? 뭘 하고 놀 거니? 누구누구 놀 거니? 혹시 부모가 없는 빈집에서 9학년짜리 남자 애들 서넛이 모여 야한 비디오라도 보려는 건 아닐까 싶어 조금 경계의 눈빛을 보였는데, 어머니가 계시고 친구와 단 둘이 스포츠 게임을 하고 놀 거라고 해서 20분이나 드라이브하여 데려다 주었다. 지난번엔 다른 중국 친구 니콜라스 집에 갔었는데 같은 동네다. 이 동네는 대부분이 중국 사람들 집이라고 했다.

세 시간 후, 아들을 데리러 약속 시간에 맞춰 간다고 집을 나왔는데, 도착하고 보니 십 여분이나 시간이 남았다. 차라곤 지나다니지 않는 조용한 여름 동네. 그냥 서 있기엔 차 안이 너무 더워 에어컨을 켜고 동네 한 바퀴를 천천히 돌았다. 라운드어바웃(동그라미 모양의 교차로)마다 비싼 야자수 나뭇잎이 이집

트 파라오 뒤의 큰 부채처럼 천천히 흔들리는 동네. 한 집 부잣집이 아닌 집이 없는 동네. 어떤 집은 너무 커서 호텔이 아닐까 싶기도 했다.

영어를 못한다고 아주 부끄러워하는 피렌의 엄마를 보았을 때, 불현듯 참 비슷한 인상이었던 닝첸이 떠올랐었는데 근 삼십 년이 흘렀음에도 아직 잊혀지지 않는 그 이름.

신혼 시절, 닝첸은 또 다른 중국 여성 하나와 함께 미국에 연구차 왔던 그 당시 보기 드문 아줌마 중국 유학생이었다. 두 여자가 사는 학교 기숙사는 겨울이 되면 바깥 유리창에 두꺼운 테이프를 덕지덕지 발라야 했고 특별한 날이라고 초대를 받아 가보면 열 번은 더 태워 먹었을 법한 찌그러진 양은냄비들만 싸구려 식탁 위에 그대로 올라와서, 각 접시라는 것도 없이 한 그릇에서 모두의 숟가락들이 들락날락 해야 하는 시골밥상 같았다. 제대로 된 옷이라곤 중국에서 올 때 귀하게 챙겨왔을 전통 의상 한 벌 뿐이었다. 그래도 그녀들은 늘씬한 미모를 자랑하며 허벅지까지 타진 꽤 야한 그 전통의상을 즐겨 입고 아무 남자와도 신나게 춤 잘 추는 세련된 구석도 있었다. 앞에선 중국 최고를 외치면서도 뒤로는 어떻게든 미국에서 살아남아 보려고 온갖 잔꾀를 다 짜내던 그녀들. 안 쓰는 그릇, 안 입는 옷이라도 몇 벌 주고 싶었지만, 중화사상으로 똘똘 뭉친 그 도도한 교수 자존심 상할까 봐, 그저 안쓰럽기만 했었는데. 그러나 1989년 6월, 천안문 사태가 벌어지면서 북경의 어느 대학 교수이자 단짝이었던 그녀들의 운명도 둘로 갈리고 말았다. 닝첸의 친구는 중국 정부의 소환을 받자 결연히 중국으로 돌아갔지만, 닝첸은 이에 불응하고 미국에 불법체류자로 남기로 한 것이다. 그녀들이 뻘겋게 부은 눈에서 또 눈물을 내뿜으며 송별파티를 하던 기억이 난다. 그녀가 학교를 떠나 어딘가로 숨어버리고도 우린 한참 더 연락을 계속했는데, 중국에 있는 공산당원인 남편과 이혼을 하고 아들만을 미국으로 빼내 오는 게 그녀의 최종 목적이었다. 그녀는 처음으로 느낀 자본경제와 자유의 맛을 결코 포기할 수 없었던 것이다. 얼마 후 그녀가 또 다른 곳으로 근거지를 옮기면서 우리와도 연락이 두절되었지만, 닝첸의 사교성과 대담한 성격으로 보면, 지금쯤 분명 중국에서 탈출시킨 아들과 미국의 어딘가에서 저렇게 멋진 집 지니고 평화롭게 잘 살고 있을 거다. 저 대저택들에 사는 많은 중국인들도 닝첸 같은 그런 남모르는 아픈 과거들을 하나씩 멍든 가슴에 숨기고 있을지도 모른다.

삼십 년 전의 추억에 잠겨 동네 한 바퀴를 돌아오자, 친구 집 대문을 조용히 닫으며 마침 아들이 나오고 있었다.

"너 피렌네 집이 너무 부자라서 주눅 들었겠다?"

온통 황금 장식품들로 도배를 해놓은 그 집 현관에 들어서자마자 나도 눈이 휘둥그레졌기 때문에 은근히 물어보니, "우리도 한국 재산 다 가져오면 저거보다 더 좋은 집 사고도 남을 텐데요. 뭘."

하하하, 너 우리 재산이 얼마나 되는지 알기는 알면서 그런 소리 하는 거야?

짜아식. 어쨌든 큰 집에 사는 중국 놈에게 주눅 들지 않고 자신만만해서 다행이네.

삼십 년 세월이 바꿔놓은 변화. 그래. 중국 애들이 중국말 잘하고 부자로 산다고 기죽지 말고, 그렇게 씩씩하고 당당하게 잘 자라라. 영어도 못하던 닝첸이나 피렌네 엄마 같은 사람도 영어권 나라에서 부자가 되어 잘 살고 있는데, 넌 한국말 잘하고 손재주 좋고 명석하고 이젠 영어도 잘 하는 대한민국의 아들이잖니? 세계 어느 곳이든 네가 살고 싶은 곳에서 당당하게 살아남아라.

애완동물 기르기

어릴 때 한국에서는 '집에 TV 있는 사람? 전화기 있는 사람?' 이런 게 가정환경 조사였다. 호주 아들의 학교에선 '애완동물 있는 사람? 없는 사람? 애완동물로 강아지 기르는 사람? 새 기르는 사람?' 이렇게 가정환경 조사를 하는 모양이다.

집을 세 들어 살아야 하는 사람들이 지켜야하는 규정에는 새나 물고기 외의 애완동물을 기를 수 없게 되어 있기에, 아들은 하다못해 거북이라도 기르고 싶어 했다.

그런데 호주에선 그 쪼맨한 거북이 한 마리도 내 맘대로 기를 수가 없다.

널리고 널린 동네 공원 연못이나 호수에서 떠다 기를 올챙이는 수도 없이 많지만 준법정신이 강한 우리로서는 그렇게 마구 기르는 게 위법(frog keeper's license 필요)이라는데 범법자가 될 수는 없는 일, 여기는 파충류 한 마리를 기르는데도 어항의 사이즈는 얼마 이상이라야 한다는 등. 거북이가 행복한 환경에서 살 수 있는지를 꼼꼼히 따져서 시험을 친 후 기르는 사람에게 자격증을 준다.(reptile keeper's license 필요)

그렇게 어렵사리 거북이 한 마리를 기르기 시작했다고 하자. 나중에 정 떨어졌다고 내다 버릴 수도 없다. 그 거북이를 기르겠다는 사람을 찾아서 양도를 해야만 한다. 과연 파충류 애들 삶의 행복도 보장된 파충류의 천국이다.

그래서 한국에선 오백 원에 한 마리씩 사서 작은 연못에서 기르다가 너무 커지자 어느 절 연못에 놓아주고 온 그런 거북이 한 마리도 선뜻 기를 수가 없는 것이다.

셋집 전전을 벗어나 드디어 집을 사서 이사를 오자 애들은 넓은 집, 우리 집 이런 거엔 관심 없고 드디어 강아지를 기르게 되었다고 좋아서 난리가 났다. 이걸로 할까? 저걸로 할까? 아빠까지 합세해서 의견이 분분하다.

그러다가 자기들끼리 독일산 셰퍼드로 낙찰을 본 모양이다. 한국에서라면 진돗개격인 이 저먼 셰퍼드가 여기 사람들에겐 인기 짱이다.

남편은 공원을 걷다가 이런 대형견 두 마리씩 데리고 걷는 사람들 만나면 눈을 뗄 줄 모르면서 부러워 한숨이다.

강아지를 분양한다는 인터넷 사이트를 찾아 뒤지고, 전화를 걸어보고… 족보까지 있는 좋은 순종은 천 불 이상을 줘야 한단다.

오마나… 얘들아… 고깟 거북이, 파충류 한 마리 기르기도 이렇게 힘든 나라에서 강아지 기르기는 뭐 쉬운 줄 아니? 밥 줘야지, 똥 치워야지(이건 어느 나라에서나 기본이지만…) 개 학교까지 등록시켜 데리고 다니며 훈련 시켜야지, 게다가 병원에 데려가서 주인이 누군지 정부에 등록하는 칩도 시술시켜야지, 건강 보험 들어야지, 일 년에 몇 십 불씩 세금 내야지, 다른 집 주인들처럼 정기적으로 강아지 공원에도 데리고 다니면서 친분도 쌓아주고, 산책 다니면서 건강도 챙겨 줘야지, 냄새 제거에 생식기 제거 수술도 해줘야지, 여행 가려면 개 호텔에 맡겨야지, 얼마 전에 뉴스에서 보았듯이 옆집에서 개 짖는 소리 때문에 항의를 하니까 오백 불이 넘는 독일산, 개 안 짖게 하는 목걸이도 사서 걸어 줘야지.

특히 저먼 세퍼트는 주인에게 복종하고 믿음직 하긴 하지만, 지나가는 사람을 물어서 사고 나는 일이 종종 있다던데 그럴 경우 법정 싸움까지 해야 되지, 매일 운동을 시켜줘야 하는 체질이라는데, 자기들이 공부 땜에 바쁘면 그걸 누가 다해?

그러다 정든 개가 아프기라도 하면 사람보다 더 많은 진료비 내며 치료해 줘야지. 마음 약한 내가 아픈 개 땜에 얼마나 맘 고생을 하고 밤잠도 못 자며 울고불고 할 텐데. 아이고 숨찬다.

엄마는 밤이면 껑껑 우렁차게 짖어주는 뒷집 개를 우리 집

보안견이다 생각하고 낮이면 주인들 따라 쫄랑쫄랑 다니는 귀여운 강아지들을 창 너머 바라보며 내 애완견이다 이렇게 생각하며 그냥 편히 살란다.

제발 우리끼리 조용히 살자.

퍼피 러브

9학년이 된 아들이 호주의 수도인 캔버라로 단체 여행을 떠나던 때의 일이다. 정치와 역사를 주로 배우는 9학년 과정 수업의 연장으로 캔버라를 직접 체험하러 가는 것이다. 그 설명회가 있어서 학부모와 학생들이 캄캄한 저녁 시간에 모두 계단식 강당에 모였다. 안내문을 받고 일정에 대한 설명을 듣고 폭소를 자아내는 질의응답까지 끝마치고 나니, 안가보고도 일정을 대강 알만 하겠다. 4박 5일도 모자라니 아이들을 2주간 더 맡아주면 안되느냐고 물어보는 아버지가 있는가 하면 항상 학교에서 정해준 자주색 리본이나 핀만 하고 다닐 수 있었는데 이번 여행에라도 예쁜 머리핀을 달고 가고 싶다는 여학생. 사탕이나 초콜릿을 가져가도 되냐는 뚱보 남학생 등. 참 호주사람들은 질문도 유머러스하게 했다. 앉아 있는 동안 뒷자리에 있던 우리를 자꾸만 흘끔 흘끔 뒤돌아보던 예쁜 동양 아이가 있어서 아들에게 누구냐고 물어보니, 지나다닐 때마다 저를 한

대씩 때리고 다니는 일본 아이란다. '아. 저 일본 아이가 우리 아들을 좋아하는 모양이군.' 그러면서 이리 저리 떠봤는데 아들은 별 관심이 없어 보였다.

한참이 지난 어느 날 버스를 타고 오는 아이를 정류장까지 마중 나갔다. 마침 멀지 않은 이웃으로 홈스테이를 하고 계신 집사님도 아이들 마중을 나오셨길래 인사를 나눴는데 대뜸 "레이코가 너무 불쌍해서 어째?"

"레이코가 왜요?" 그렇게 물으면서도 물론 부모님 문제겠지라고 생각했는데, "그 애가 ○○를 너무 좋아하는 것 같은데 갈 날은 얼마 안 남았고, 옆에서 보기가 너무나 딱하네."

이 집사님 집에 홈스테이를 하고 있는 레이코 키시베라는 일본 여학생은 캔버라 여행 설명회날 맨 뒷좌석에 편안히 자리 잡은 우리 모자를, 아니 내 옆의 아들을 자꾸만 뒤돌아보던 그 귀여운 여학생. 옆자리의 제 엄마가 자꾸 말리는 게 보이는데도 아랑곳없이 또 돌아보고 또 돌아보던. 그래서 누구냐고 물어보았지만 아들은 별 관심이 없어 보였던. 그래서 이 엄마도 까맣게 잊고 있었던 바로 그 소녀였다.

얼마 전 그 집사님이 학습과제 발표날 바쁜 일이 있으니 레이코를 좀 태우고 와 달라고 부탁을 하시는 거였다. 그래서 다시 그 귀엽던 여학생의 이름과 얼굴을 떠올리게 되었는데, 그 사이 그 아이에겐 슬픈 사연이 생겼더랬다. 레이코 부모가 작년에 이혼을 하게 되었고 엄마는 먼저 일본으로 돌아가 살 집과 학교를 알아보려고 레이코를 집사님댁에 맡겨 놓은 거고 다음 주 월요일에는 레이코도 출국할 예정이라는 것이었다. 그 모임에서 자꾸만 뒤돌아보던 딸아이를 말리던, 스카프를 아주 세련되고 멋스럽게 매고 있던 예쁜 젊은 일본 엄마의 옆모습이 떠올랐다. 그렇게 예쁜 부인과 사랑스런 딸을 버리고 이혼을 하는 아빠는 도대체 어떤 사람일까? 일본에도 기러기 부부 문제는 심각한가 보다. 집사님은 마지막 며칠을 레이코 엄마와 함께 지내며 전도를 했다고 했다. 사실 작년부터 전도를 하고 싶어 기도 중이었는데 일이 이렇게 되어 레이코를 맡게 되니 하나님의 뜻이 아니겠느냐고 혀를 내두르셨다. 그래서 하는 수 없이 그날 레이코를 태워가지고 오다가 저녁 시간도 되었고 해서 간단한 저녁을 먹여 데려다 주었다. 잠깐이었지만 레이코는 부끄러워하는 분홍색 볼을 가진 귀여운 아이라는 것과 우리 집 아들놈을 확실히 좋아하는 게 보인다는 사실을 눈치 챌 수 있었는데. 집사님의 단도직입적인 이런 말을 듣고 보니, 역시 내 촉도 보통은 아니지. 내 선견지명에 자만이 생기며 갑자기 귀엽던 레이코가 더 귀여워지는 거였다. 레이코라는 아이가 일본으로 돌아갈 날도 얼마 남지 않았는데 아줌마 식구들이 모두 알 정도로 우리 아들에 대한 애정 표현을 너무나 솔직하게 한

다니.

"한 번 놀게 해주면 안 될까?"

집사님의 말씀에는 불쌍한 레이코를 조금이나마 기쁘게 해주고 싶은 정말 따듯한 마음이 배어 있었다.

나도 모르게 너무나 바쁜 요즘 일정인 줄 알면서도 연주회 바로 다음날인 일요일 오후에 그 집의 홈스테이 아이들을 다 초대하겠다고 말해 버렸다. 집사님은 매일 새벽기도를 다니고 계신 분이라 아마 그 일도 기도하셨는지 모른다. 성령님이 그저 그렇게 되도록 나의 마음을 움직이셨는지도. 아니면 얼마 전부터 교회에 다니기 시작했다는 레이코의 기도를 하나님이 들어주셨는지도.

교회를 다녀와서 부랴부랴 음식을 만들어 아이들과 집사님과 함께 즐거운 시간을 가졌다. 레이코는 얼마나 좋은지 입이 다물어지지가 않는다. 함께 영화도 보고 탁구도 치고 각자 할 수 있는 악기 자랑도 하고.

갈 시간이 되자 연분홍에서 더 빨간 볼이 된 레이코가 수줍은 듯 카메라를 꺼내들었다. 그 심정을 아는 나와 집사님은 요즘 사춘기라 그런지 이 엄마에게도 좀 튕기는 스타일인 아들의 등을 떠밀며 어깨동무를 하고 찍으라고 강요를 하여 아주 다정스런 포즈를 잡게 했다. 그럼 내일 아침 일본으로 가냐고 물어보았더니 갑자기 2주간을 더 연장했단다. 집사님이 눈을 찡긋

하시며, "왜 그런지 나도 몰라. 2주만 더 있겠대."

학교에서 선생님들이 찍어서 학교 홈페이지에 올려주는 사진들에 보니 같은 반인 두 아이가 상도 같이 받고 상당히 친하게 잘 지내는 것 같은데, 결국 아빠와도 헤어지고 좋아하는 친구와도 헤어져야하는 레이코는 얼마나 마음이 쓰라릴까? 그러면서도 분홍색으로 늘 웃고 있는 아이가 자꾸만 가여운 생각이 든다. 레이코의 러브스토리를 아쉬워한 딸아이는 "레이코 엄마에게 말해서 우리 집에 홈스테이를 시키라고 하면 안되요?"

딸아이를 좋아하는 놈이 있다면 무조건 나쁜 점만 들먹이던 아빠가 싱글싱글 웃으며 말했다.

"나도 그 애가 귀엽긴 하지만 그래도 그럴 순 없지."

아. 저 쪼그만 일본 여자 애의 풋사랑은 이렇게 슬프게 끝이 나야하는 걸까? 레이코의 분홍 볼이 생각날 때마다 가슴 한 구석이 조금 저릴 것 같다. 그런데 날 닮은 우리 아들 혹시 전혀 관심 없는 척 하는 게 전부 내숭은 아닐까? 그럼 레이코 걱정보다 내 아들 마음 걱정을 더 해야 하는 건 아닐까?

가해자와 피해자

호주와 한국의 친선 축구경기가 있는 날이었다. 네 식구가 시간을 내서 빨강색 상의를 맞춰 입고 한국을 응원하러 경기장에 도착하였다. 그런데 아뿔싸. 차에서 내리기 바로 직전, 꼭 가져와서 열심히 흔들려던 태극기와 네 식구가 함께 사진을 찍기 위해 꺼내놓고 꼭 가져오자고 했던 셀카봉을 안 가져온 사실을 발견했다.

"아이고 우리 왜 이러니? 이렇게 정신이 빠져서 어쩐다니?"

나는 아쉬워서 호들갑을 떨었다.

"그럴 수도 있지 뭐, 태극기야 다른 사람들이 흔들면 되고 셀카봉 없어도 내 긴 팔이 있잖아요? 아무것도 아닌 일에 흥분하지 마세요."

엄마의 체신에 한참 마이너스가 났다. 아들의 정색한 훈계는 왜 아무것도 아닌 일에 나의 감정은 잠시나마 요동쳤는지 반성하게 만들었다.

내게도 아파서 감추고 싶었던 가족의 비밀이 있다. 정신분석학자 세르주 티스롱은 『가족의 비밀』에서 이런 비밀일수록 자식들에게 터놓고 상처를 치유하라고 하였었지.

아버지.

신성일 닮았다는 미남에 인상도 좋으신 아버지는 매너도 좋으셔서 밖에 나가면 영국신사라고 칭송이 자자했다. 하지만 집안에선 그리 인자한 아버지가 아니셨다. 동생과 나는 아버지의 큰소리에 늘 가슴이 철렁철렁했다. 원인이라야 겨우 불 켜진 화장실 불 켜진 빈 방. 없어진 서류나 깜빡 잊고 나온 물건들. 꼼꼼하지 못한 어머니 성격 때문에 불거지는 사건들이었다.

안절부절못하시며 뛰어가서 불을 끄시거나 안 나오는 서류들을 찾으시는 어머니가 불쌍해서 목소리 큰 아버지를 미워했다. 모르는 남들이 아버지를 칭찬하면 할수록 아버지를 싫어했다. 어린 마음엔 고개 들고 소리 지르는 아버지가 가해자였고 고개 숙여 절절매며 무언가를 찾으러 다니시는 어머니는 피해자였다.

호주는 집이 커서 방도 많고 화장실도 많다.

가끔 불 켜진 빈 방이나 불 켜진 화장실을 다니며 불을 끌 때마다 돌아가신 아버지가 생각난다.

그렇게 부탁하는데도 꼭 불을 켜놓고 다니시며 화를 돋구시던 어머니. 좀 잘 챙기라는데도 꼭 어딘가에 잘못 두고 찾지 못하셔서 아버지 심기를 거스르던 어머니.

혹시 아버지가 피해자였던 것은 아닐까?

요즘은 자식들에게 사랑 받지 못하셨던 아버지께 가끔 죄송해진다. 이런 깨달음을 얻기 전에 돌아가신 아버지가 측은해진다.

아버지껜 남이었는지 손주들과 사위에겐 역시 영국신사처럼 멋지고 자상하고 인자하신 장인어른이며 할아버지셨던 아버지. 아버지, 죄송했고 감사했어요.

졸업여행

한국에선 범국가적인 행사인 수능이 끝나야만 가든지 말든지 엄두를 낼 수 있는 졸업여행. 여기선 아이들을 12학년 내내 들떠서 지내게 하려는 건지, 첫 학기 말엔 댄스파티가 있으며, 네 번째 학기엔 졸업여행을 다녀오고 학년 말엔 그야말로 성인처럼 노는 성대한 졸업 파티가 있단다. 대입 시험을 앞두고도 이렇게 놀면서 공부하면서 자신을 컨트롤 하는 방법을 터득시키려는 것인지. 10월 28일부터 30일까지 3일 간의 졸업여행이 선샤인 코스트에서 있었다. 학교생활이란 이렇게 자꾸 자꾸 서서히 애들과 부모가 떨어지는 연습을 시켜주나 보다. 처음엔 가족을 떠나는 것도 싫고 공부하느라 살이 쪄서 수영복도 못 입을 텐데… 하며 정말 가고 싶어 하지 않던 딸이 다녀와선 즐거운 추억 만들기가 되었다며, 너무 흐뭇해했다. 특히 첫날 밤, 장기 자랑에서 선생님들이 추천하는 바람에 하는 수 없이 등 떠밀려 무대에 올라가 기타를 치고 노래를 했다는데, 예쁜 남학생들이 비키니 입고 춘 댄스 공연을 물리치고 혼자서만 전 학생들의 기립박수를 받았단다. 또 열댓 명이나 함께 참석한 선생님들 하나하나가 자기 인생에서의 실수담, 그래서 너희는 그러지 말아라 하는 교훈적인 경험담을 얘기해주는 소중한 시간도 있었고, 학교생활에서 미안하거나, 고마웠던 친구를 찾아가 조용히 안아주는 시간들이 있었는데, 얼마 전 아버지를 잃은 슬픔을 겪은 친구를 안아 주었더니 그 친구가 설움에 복받쳐 너무나 우는 바람에 저도 함께 울어버린 감동적인 순간도 있어서, 참 가슴 뭉클한 기억으로 남았나 보다. 돌아와서 보여주는 봉투를 열어보니, 친구들과 선생님이 써준 편지가 오십여 장. 270여 명 학생들이 각자 친한 친구들에게 대 여섯 장씩 써주었다는 편지를, 자기 혼자만 오십여 장이나 받았으니, 얼마나 뿌듯했으랴? 피곤에 절은 아이가 편안한 얼굴로 제 방에서 잠이 든 후, 우리 부부는 그 편지들을 하나씩 읽어 보았다. 그날 밤 아시아인인 네가 용기 있게 무대에 나가 감동적인 음악을 들려준 데에 대해 너를 존경한다는 내용들, 너는 미술만 잘 하는 줄 알았는데 노래와 기타도 잘 하더라는 칭찬들, 겸손하고 예의바르고 진실한 친구를 둬서 고맙다는 인사들, 그리고 "이 학교에서 내가 믿는 친구는 너 한 명 밖에 없다."고 쓴 일본인 친구의 편지까지…. 인종과 국적을 뛰어 넘는 우정을 보여주는 편지들이었다. 캄캄한 어둠 속, 멋들어진 조명을 은은히 받으며, 그 많은 친구들과 선생님들 앞에서 두 눈을 꼭 감고 기타를 치며 노래하는 아이의 모습이 깜깜한 방 천장에 떠올라 잠을 이룰 수 없었다. 제 말은 음향 효과와 조명 때문에 분위기를 탄 것뿐이라고 하지만, 노래가 끝나고 모두의 기립 박수를 받았다니, 얼마나 가슴 벅찬 감동의 순간이었을까? 아이가 떠났을 때 나도 함께 동행해 잠입기자가 되지 못한 것이 못내 아쉽다. 그러나 세계 각국의 다양한 인종들로 모인 십대들과 그렇게 사흘간의 특별한 우정을 쌓아 올린 건 너의 인생이고, 귀한 딸 하나가 몸 성히 돌아올 날만을 맘 졸이고 기도하고 있었던 게 나의 인생이겠지. 이십대 중반에서야 미국으로 유학 가, 몇 명 되지도 않던 친구들 앞에서 숙제 발표만 하는데도 떨리는 손으로 식은땀을 닦아야 했던 나와 비교해 보면, 확실히 다음 세대인 너는 한 단계 업그레이드되었음을 느낀다. 단지 학교에서 영어로 된 선생님의 강의를 듣고 성적만 받아내는 아웃사이더가 아니라, 진정으로 전 세계 여러 친구들의 우정을 얻어낸 네가 자랑스럽다. 그날 밤의 박수소리, 친구들의 눈빛, 그리고 애정과 격려가 담긴 편지들이 앞으로 닥칠 어려운 순간순간마다 너의 등을 든든히 밀어주는 원동력이 되리라 믿어진다. 앞으로도 언제 어디서든 자랑스런 한국인으로 세계 앞에 당당히 설 수 있는 용기 있는 딸이 되어주렴.

3.

몬르포의 바다거북

평생 갈 것 같이 든든했던 우리 집 대문. 모터가 고장 나서 열리지 않는 날이 오고야 말았다. 수리 회사에 연락한 지 몇 주가 지나자 친절해 보이는 뚱뚱한 아저씨 둘이 나타나 하루 종일 고치고 갔는데, 다음 날이 되자 이번엔 닫히질 않았다. 재 수리 예약을 했더니 또 몇 주가 되어도 오질 않는다. 대문을 계속 활짝 열어두고 살려니 혹시라도 도둑이 들까 노심초사 했었다. 그러다가 조마조마 하던 마음마저 나날이 둔해졌다. 대문은커녕 담조차 없는 집들이 더 많은 동네다. 체념을 하고 잊어버린 듯, 포기한 듯, 수리공을 기다리고 있다.

'호주사람들은 새파란 하늘을 배경으로 천천히 흘러가는 커다란 흰 구름들 같다.'

여기에 터를 잡은 지 11년째라 한민족의 빨리빨리 강박관념이 치료되어버린 지도 한참인데 이토록 도를 닦은 마음에 돌을 던지는 호주사람들에게 슬슬 짜증이 나기 시작한다. 천국 다음으로 살만한 곳이라고 행복해하며 산 세월들을 재검토 해봐야겠다.

아침 10시. 대문 때문에 취소하고 싶지만 예약해둔 거라 할 수 없이 떠나게 된 여행. 째려보듯 비평적인 시각으로 다녀봐야지. 목적지는 북쪽으로 다섯 시간 거리. 부화한 새끼거북이들의 첫 바다 행차 이벤트로 유명한 몬르포(Mon Repos)가 있는 작은 도시 번더버그(Bunderberg)로 출발.

가도 가도 초록색 초원과 파란 하늘. 가끔씩 보이는 몇 마리 소나 말들. 에덴동산 같이 아름다운 청정자연과 무공해 목장들. 늘 부럽기만 했던 이 모든 장면들도 째려보기로 다짐하자 하나같이 다 거슬렸다. 도로와 휴게소 같은 인프라 구축은 태부족이고 축산업이나 농업은 비효율적이며 마케팅 마인드는 낙제점이다. 무지하고 게으른 호주사람들. 도화지 가운데에 수평으로 줄 딱 긋고 아래는 초록색 위에는 하늘색만 칠해 놓은 듯한 심심한 경치에 눈이 지쳤다. 주전부리용 식당 하나 없이 깨끗한 자연은 안 그래도 출출한 배를 더 허기지게 만들었다. 이토록 느리고 불편한 나라에 살면서 어떻게 '삶의 만족도 세계 2위'를 고수하고 있을까?

유명 관광지라는 몬르포조차 도로 사인이 제대로 되어있지 않아서 간신히 제 길을 찾아들며 안도의 한숨까지 내쉬어야 했다.

오후 4시. 한적한 관광 안내소 주차장에 도착하자 바로 전에 들어온 차 한 대가 눈에 뜨였다. 번호판을 보니 우리보다 더 멀리서 온 가족이다. 그들이 내리려는 것을 본 순간 빨리빨리 민족성에 발동이 걸린 우리 식구들, 누구랄 것도 없이 모두 부리나케 안내소로 뛰어 들어갔다. 호주인 특유의 느린 걸음걸이로 뒤따라 들어온 백인가족을 따돌리고 오늘 쇼의 마지막 표 네 장을 겨우 살 수 있었다. 다음 차례였던 그 가족은 3일 뒤의 표를 살 수 밖에 없다는 말에 망연자실. 역시 한국인의 순발력 아무도 못 당한다. 그들은 알아채지 못했을 이 게임에서 승리라도 쟁취한 기분으로 신나게 몬르포 바닷가로 출발했다.

한 폭의 유화 속 빨갛게 지는 해를 바라보며 가도 가도 끝모를 사탕수수밭을 반으로 꼬불꼬불 잘라내듯 차를 몰았다. 이런 시골구석 한적한 바닷가에서 정말로 거북이 수백 마리의 부화 이벤트가 벌어질까? 그리고 단지 새끼 거북이들을 보기 위해 며칠 후 표까지 매진될 만큼 많은 사람들이 모여 들까? 혹시 우리가 음흉한 호주인들이 쳐놓은 미지의 올가미에 걸려들고 있는 건 아닐까? 갑자기 13일의 금요일 같은 호러 영화의 주인공이 되어 살인현장으로 빨려 들어가는 느낌에 오싹해졌다. 하지만 공상도 잠시. 대형 관광버스까지 와 있는 주차장은 이미 반쯤이나 채워져 있어서 30분간 달려오며 느꼈던 스릴감은 순간 안개처럼 사라졌다.

빨리빨리 민족은 많은 사람들을 보면 더 기민해지는 경향도 있나 보다. 민첩성이 입력된 로봇들인 양 자동차가 채 멈추기도 전에 내달아 앞쪽 줄을 차지한 우리. 사람들은 꾸역꾸역 자꾸 더 모여들었다. 서서히 모습을 드러내는 달빛 마중이라도 나온 듯 여유롭고 행복한 표정으로 시원한 저녁바람을 즐기고 있다. 언제나 입장을 시키려나, 줄은 얼마나 더 길어지고 있나 조바심 난 우리와 달리 차례대로 줄 서서 대화나누기 게임에라도 빠져있는 것처럼 즐거워 보이는 호주사람들.

저녁 6시. 드디어 거북이 쇼가 시작되었다. 뒤에도 거의 백여 명 가량이나 되는 사람들이 줄 서있다는 것에 왠지 모를 위안이 되었던 우리. 예매했던 표를 내고 가슴에 달아야 하는 스티커를 받는 순간 의아하고도 두려운 심정이 되기 시작했다. 오렌지색 스티커 네 장. 이것은 마흔 명씩 끊어 만든 그룹들 중 다섯 번째 즉, 맨 마지막 그룹을 의미했다. 표를 예매할 때 이미 스티커 색깔이 정해지는 시스템이었던 것이다.

다섯 종류의 색깔 스티커들로 구분된 이백여 명의 사람들은 줄선 순서와는 아무 상관없이 삼삼오오 편한 곳에 자리를 잡고 앉아 대형 스크린에서 나오는 바다거북 다큐멘터리를 보기 시작하였다. 거북이 쇼에 대한 자세한 설명을 듣고 보니, 이미 바닷가 거북이 알 구덩이마다에 배치되어 거북이 알들을 관찰하고 있는 요원들이 부화가 시작된다는 무전 연락을 해오면 일단 첫 번째 그룹 마흔 명이 출발. 새끼 거북들의 바다 입수를 구경하는 거다. 다른 구덩이의 거북이 알들이 부화를 시작한다는 무전을 받으면 두 번째 그룹이 또 다른 안내원을 따라 캄캄한 바다로 나가는 방식. 방금 알을 까고 나온 까만 새끼 거북이들이 뒤뚱뒤뚱 넘어지고 뒤엉켜가며 캄캄한 파도를 향해 돌진해가다가 거친 밤바다 파도를 타고 서핑하 듯 암흑 속으로 사라지는 동영상 장면들을 실제로 본다는 거지… 처음엔 기대로 부풀어 있었다.

저녁 8시. 드디어 첫 번째 그룹이 불려나갔다. 그리고는 다시 사십여 분이 지나서야 두 번째 그룹. 이렇게 하염없이 기다릴 것을 조금이라도 빨리 줄 서느라 뛰어다니고 엑셀을 밟아댔다니. 배는 고프고 엉덩이는 아프고 주리가 틀려서 더 이상 앉아있기도 힘이 들었다. 도대체 언제쯤 다섯 번째 그룹이 불려나가냐고 물어보았다. 새벽 두 시까지 무전연락이 없으면 그냥 포기하고 돌아가는 거란다. 쌀랑한 바닷가에 앉아 여덟 시간 동안 별이나 세다가 돌아가라고? 집에 앉아서 봐도 될 동영상을 보러 그 지루한 다섯 시간을 달려왔다고?

그런데 이럴 수가? 남아있는 백이십여 명 중, 실망해서 기운이 빠져버린 사람들은 우리 가족뿐이었다.

밤 11시. 아홉 시만 되면 모두 자는 줄 알았던 호주사람들은 한결같이 씩씩하고 유모차 탄 아기들조차 눈망울이 초롱초롱하다. 처음이나 좀 재미있지 상당히 따분한 거북이 동영상을 열심히 보며 인내력테스트 같이 고달픈 시간들을 활기차게 즐기고 있는 것이다.

인종적으로 체력과 지구력이 차이 나서 그런 걸까? 민족성의 차이일까? 한국 같았으면 이런 밤중 바닷바람에 여덟 시간을 앉아서 참고 기다릴 사람이 몇이나 있겠는가? 전부 환불해달라고 아우성을 칠 법 한데. 호주사람들은 안내요원의 이 기막힌 설명을 듣고도 편하고 행복한 표정들이다.

밤 12시. 누군가 좀 지루했던지

"오늘 밤엔 다섯 그룹의 거북이새끼들이 전부 바닷물에 풍덩 수영을 시작해라."

이렇게 큰소리로 외치자 모두들 신나게 환호를 질렀다. 그것도 잠시. 그들은 그저 별 밤을 즐기고 있다. 그냥 밤바다에 가족끼리 모여 앉아 싸온 음식들을 나눠먹으며 동영상만 보다 가는 것이 목적인 것처럼 안내요원이 언제쯤 자기 그룹을 불러낼까엔 관심조차 없어 보였다.

아무리 기다려도 제3그룹 호출 소식은 없고 그다지 흥미 없는 동영상은 계속되었다.

대문 수리공을 기다리다 지쳤는데 여기서까지 또 지치게 만드는 미친 나라. 화가 부르르 치밀었다. 어스름 달빛 아래 주저앉아 기약 없는 시간을 더 기다려야 한다. 이젠 가방에 남은 과자 부스러기도 없고 말할 기운도 없다. 느려터진 호주사람들이나 이해 불가한 관광시스템을 째려볼 에너지도 없다.

새벽 1시. 이제 마지막 그룹이 불려갈 가능성은 점점 줄어들고 있다. 동영상이라도 제대로 봐두어야 본전이라도 건질 타이밍이다. 계속 나오고 있는 주인공 할아버지를 맥 빠진 눈으로 물끄러미 바라보고 있었다. 덥수룩한 흰 수염, 동그란 돋보기를 높은 콧등 위에 걸친 할아버지는 바닷가에 모래 위에 무릎 꿇고 앉아 파도에 젖은 모래 속에서 거북이 알을 하나 꺼내어 보석이라도 만지듯 살며시 어루만지고 있다. 이 외로운 바닷가에서 거북이 연구에 일생을 바친 할아버지. 갓 부화한 새끼 거북이가 파도에 휩쓸려 멀리 떠나는 것을 지켜보는 할아버지 입가에 주름진 미소가 번지고 있다. 평생 동안 혼자 밤새 거북이를 마중 나와 기다렸다가 알을 까면 숨어서 관찰하던 할아버지. 아무도 몰래 모래로 덮어놓고 보살피다가 폭풍우라도 몰아치면 알들을 옮기고 보호해서 새끼들이 무사히 바다로 나가도록 지켜온 할아버지. 한 번 출항한 거북이가 몇 년 만에 해변으로 다시 돌아오는지, 얼마 만에 알을 낳는지, 어떤 항로로 헤엄쳐 다니는지 기다리고 찾아다닌 한 사람. 그래서 백 년도 넘게 사는 바다거북이가 일생 동안 다니는 바닷길을 연구해낸 위대한 거북이 박사. 그리고 그 사람의 열정에 감동하여 연구를 뒷받침해준 호주 정부, 아버지의 그런 일생을 본받아 대를 잇고 있는 그의 아들. 그리고 그 거북이들을 보기 위해 졸리도록 단조로운 초록색을 하루 종일 달려와 밤새 엉덩이가 물러터지도록 앉아서 행복해하는 이 호주사람들.

'호주사람들은 지구의 거대한 깊은 물길을 천천히 헤엄쳐 다니는 바다거북이 같다.'

어릴 적 읽었던 동화 속의 토끼와 거북이가 동영상의 바다 위로 떠오르자 감은 눈가에 뜻 모를 눈물이 고였다. 느린 거북이는 빠른 토끼에게 늘 무시당했지만 인내심으로 앞만 보고 달려가 결국은 토끼를 이긴다.

느린 거북이들에게 짜증내며 앉아있던 토끼 엄마를 시원한 밤 파도가 한 바탕 밀려와 세게 치고 지나간다. 자정을 넘기고 거의 방전되다시피 했던 정신이 다시 충전되며 커다란 바다거북이 등을 타고 용궁으로 헤엄쳐 들어가듯 동영상 강의에 빨려 들었다.

바다거북들이 살고 있는 심해에는 깡총깡총 작은 풀밭만 일생 뛰어다니던 토끼는 상상할 수도 없을 아주 느리고도 장엄한 물결이 있었다.

나라면 할아버지 같은 한평생에 보람을 느끼며 살 수 있었을까? 내 자식이 원한다면 아무도 찾지 않는 이 외딴 바닷가에서의 저런 인생길도 허락할 수 있을까? 평생 최소한의 생활을

책임져주는 국가의 국민이었기에 가능했을까? 호주정부는 얼마나 그를 믿었기에 길고 느린 거북이 연구에 그 많은 투자를 아끼지 않았을까?

더 이상 60불의 본전 생각은 나지도 않았고 기다리던 여덟 시간이 길거나 지루하지도 않았다.

그날 밤은 빠른 것만이 다인 줄 알았던 토끼 엄마에게 거북이 나라 거북이들의 길고도 깊은 인생길을 어렴풋이나마 경험해보는 소중하고도 의미 있는 시간이었기에.

느려 빠진 호주사람들을 째려보려고 힘주던 눈꺼풀에 기분 좋은 졸림이 밀려들었다.

그들의 사랑

바다와 하늘만 바라보다 온다. 그게 낚시 가는 날이다. 고기 낚이기만을 기다리다 온다. 그게 낚시 가는 재미다. 남편이 잘 만들어 던져준 낚싯대를 들고 의자에 기대 앉아 바이올리니스트의 활인 양 정성스레 낚싯줄 잡은 손가락에 정신을 집중시킨다.

그런데 오늘은 곁에서 낚시하고 있던 그들만 가슴에 담고 앉아 있다가 돌아왔다. 무심히 피어(Pier) 입구 쪽을 바라보던 눈동자 렌즈에 휠체어를 탄 남자와 그를 밀고 오던 여자가 클로즈업 되는 순간부터였다. 호기심 어린 시선이 자기들을 마중나왔다는 것을 느꼈나 보다. 먼저 온 친구 옆에 자리 잡듯, 그들은 자연스레 우리 옆 자리를 차지하고 짐을 풀었다. 낚싯줄을 낚싯대에 끼우고 미끼 새우를 잘라 바늘에 꽂는 모습이 한두 번 해본 솜씨는 아니다. 언제부터인가 돌처럼 굳어져 버렸을 남편의 두 손에 잘 준비된 낚싯대를 잡혀주는 과정 내내, 그녀의 미소는 과장됨도 서두름도 지침도 없이 단아했다. 종달

새같이 가녀리고 귀여운 목소리로 쉼 없이 남편을 위해 재미난 얘기들을 소곤대고 있었다. 장사꾼의 좌판 같은 낚시꾼의 채비판이 거의 완성되자 피어의 난간에 폴짝 올라탄 그녀는 위태로운 자세로 걸터앉아 끝없이 먼 바다를 바라본다.

낚싯대를 잡고 도를 닦아야 하는 나의 마음도 간혹 불어오는 바닷바람 때문인지 흐물흐물 피어오르는 불안으로 흔들렸다. 저러다가 중심을 잃은 그녀의 가녀린 몸이 난간 바깥으로 쭈루룩 미끄러져 떨어져 버리는 건 아닐지 걱정스러웠다. 아니 수족을 움직이지 못하는 남편이 너무 버거워 깊은 물 속 자유를 찾아 풍덩 뛰어들어 버리는 건 아닐지 너무나 두려웠다. 아마 아내가 쥐어준 낚싯대를 미동도 없이 잡고 있는 남편의 얼굴에서 희망이라곤 전혀 찾아볼 수 없는 아픔을 읽었기 때문일 거다. 활기 넘치는 낚시터와는 전혀 어울리지 않게 나무바닥에 못박힌 듯 움직이지 않는 휠체어가 너무 슬퍼 보였기 때문일 거다.

아름다운 그들에게 불행의 그물이 던져진 건 언제부터인지, 낚인 생선 반찬을 기다리고 있을 아이들은 있는지, 아내는 어디에서 무슨 일을 하는지, 휴일 바닷바람은 진정 그들에게 삶의 행복인 건지, 모든 것이 궁금해졌다.

엉덩이를 조금씩 그녀 쪽으로 밀어붙여 그들의 인생 드라마 속으로 오늘만이라도 살짝 들어가 보고 싶은 마음을 꾸욱 누른 채, 짐짓 바다를 보는 척 낚싯대를 보는 척 슬쩍 곁눈질만 하고 있었다.

파르르르르 내 낚싯줄이 몇 번이나 떨렸을지 모르겠다. 내가 옆 자리 부부에게 정신이 팔려있는 동안 남편은 떡밥을 새로 갈아 끼우고 또 갈아 매어 준다. 떡밥을 슬며시 빼먹고 잽싸게 달아난 물고기들도 상당히 많았을 것 같다. 그들의 러브스토리 속에 풍덩 빠져 상상의 나래를 허우적거리던 내가 정신 줄을 되찾은 건 난간 위의 여자가 돌연 몸을 휘리릭 날리는 찰나였다.

자신의 몸처럼 인생도 제대로 운전할 수 없었던 한 남자의 아내가 결국은 남편 곁을 영원히 떠나는 충격적인 장면. 그런 비극을 눈앞에서 목격하는 운명의 순간이 되는 줄 알고 심장이 멎는 줄 알았지만 아니었다. 그녀는 쿵 하며 내 바로 곁으로 뛰어 내린 거였다. 날쌔게 남편의 낚싯대를 낚아챈 아내는 하얀 파도 같은 치아를 드러낸 채, 강렬한 햇빛에 은색으로 반짝이는 물고기 한 마리를 신나게 감아올리고 있었다. 신기하게도 물고기는 거기 있던 많은 사람들의 미끼들을 다 피해 다니다가 감각도 느끼지 못했을 그 남자의 미끼를 골라 물고 올라오는 중이었다. 내 소설 속의 여자 대신 자기를 희생하러 잡혀 오는 중이었다.

크지도 않은 고기를 잡고 기뻐서 팔짝팔짝 뛰는 여자의 모습과 피어 나무바닥의 쿵쿵대는 울림에 지금까지 써 내리던 비극적 드라마는 산산조각으로 흩어졌다. 나는 낚싯줄과 함께 정신줄도 다시 고쳐 잡았다. 그들은 내 소설 속의 주인공이 아니다. 단지 우리처럼 휴일을 즐기러온 다정한 부부일 뿐이다.

"축하해요. 근데 그 물고기 이름은 뭐예요?"

질문을 하자마자 기다렸다는 듯 여자는 주머니에서 작은 책을 꺼내 열심히 찾는다. 물고기 종류와 낚시가 허용되는 사이즈들이 빼곡히 적혀 있는 책이었다. 그녀도 그런 고기는 처음 보았다고 했다. 책장을 여기저기 넘기며 잡은 고기와 같은 사진을 찾다가 포기한 그녀. 그래도 20센티가 넘으니까 가져갈 수 있을 거라며 기뻐했다.

그녀가 책 페이지를 넘길 때마다 나타나던 사진과 설명들은 머릿속에 자리 잡던 그들의 인생이야기를 고쳐 쓰게 하고 있었다. 그녀에게 남편의 휠체어는 아픔이 아니다. 물고기를 낚으면 이름이 뭔지 열심히 알고 싶은 그녀는 열정으로 가꾸어낼 희망찬 미래를 꿈꾸며 산다. 몇 센티가 되면 성어인지 치어인지 세세히 살펴서 아이스박스에 담을지 바다에 놓아줄지 계산하는 여자는 얼굴만큼이나 예쁘게 정돈된 인생을 살고 있다. 생선 한 마리를 잡은 남편에게 칭찬을 아끼지 않는 여자는 풍성하고 아름다운 사랑을 나누어 주며 살고 있다. 움직이진 못하지만 누구보다 물고기를 잘 낚는 남편이 자랑스러운 아내의 마음은 날씨보다 더 화사하고 따사롭다. 보지 못했던 신기한 물고기 한 마리로도 그렇게 기뻐할 수 있는 순수하고 맑은 그녀의 삶.

발버둥치듯 파닥거리는 물고기를 잡아 올릴 때마다, 소리도 못 지르는 고기가 아프지 않게 하려고 바늘을 조심스레 빼낼 때마다, 바다에 놓아주지 못할 만큼 커서 아이스박스에 갇히고 마는 물고기를 볼 때마다, 그럴 때마다 되뇌던 그 말 '미안해.'

그녀에겐 차마 하지 못했지만 물고기들에게 보다 더 미안했다.

'잠시 내 맘 속에서나마 당신의 행복을 염려해서 미안해요. 당신의 사랑을 두려워하고 당신의 인생을 슬퍼해서 미안해요.'

파란 바다 맑은 하늘 아래 피어 위에서 제일 밝게 웃고 행복해 보였던 그들. 팔딱이는 고기를 높이 들고 사진을 찍어달라며 예쁜 포즈를 취했던 그녀를 나는 아마 오랫동안 기억해야 할 것 같다. 아주 다른 행복 스토리를 멋지게 엮어가면서.

등록금 내던 날

고등학생인 딸의 이런 저런 시험을 치러 몇 번 데리고 가본 퀸슬랜드(Queensland)대학교. 브리즈번 강을 따라 돌고 돌아서 세인트 루시아(St Lucia) 캠퍼스로 들어섰다. 지도를 찾아 등록금 내는 건물까지 가긴 갔으되, 미리 만들어온 수표를 아이 손에 넘길 때. 영화 Ghost에 나온 우피 골드버그가 그 엄청난 금액의 수표를 길거리 수녀에게 기부할 때 차마 선뜻 주지 못하고 실갱이 하듯, 내 손도 그렇게 조금 떨리고 있었다.

"빨리 줘 버려. 그렇게 집착을 못 버리면서 어떻게 몸만 멀리 보내려고 했어?"

그렇게 ghost가 내 귀에 속삭이는 듯했다.

한국에서라면 조금 더 좋은 대학 좋은 과를 가려고 온 가족이 워키토키를 들고 첩보전을 하는 게 대학 입시인데, 호주에 와서 그런 저런 절차 하나 없이(이 대목에서 지옥 같다는 금년 입시를 치르고 있는 한국의 학부모라면 복에 겨워 별 말을 다 한다 싶겠지만) 학교

성적만 내고 그냥 조용히 기다리다가 더 좋은 멜번 대학의 입학허가서까지 받고서도(호주대학의 랭킹은 늘 뉴스에 나오는데, 세계에서 좋은 대학 100위 안에 보통 6, 7개가 들어간다. 1등 오스트렐리안 국립대학, 2등 멜버른대학, 3등 시드니 대학, 4등 퀸즐랜드대학) 집 가까이 있는 대학을 간다니, 복에 겨운 사람 나름대로 속상한 구석이 없는 건 아니다.

적지도 않은 등록금을 내어버렸으니, 본인도 없다는 그 미련, 이제 엄마도 돌아오는 브리즈번 강물에 깨끗이 흘려버리련다.

어찌 내 맘을 알았는지 오후에 만난 교민 부부는 멀리 혼자 유학 가서 외로움 때문에 친구들과 놀다가 엉망이 된 교민 자제들의 이야기를 여러 케이스 들려주었다. 남자친구와 부모 몰래 동거를 하는 애들도 많다고 한다. 게다가 호주 아이들은 전교 1등을 하는 아이들도 집 가까이 있는 학교로 진학하여 부모와 같이 사는 아이들이 많다는 것이다. 미국은 고교 졸업생들이 집에서 가급적 더 먼 곳으로 대학진학을 하는 경향이 있는데 여긴 확실히 가족중심이고 미국과 참 다르다. 그런 얘기들을 듣고 나니, 내가 뭘 믿고 엄마랑 살고 싶다는 어린 딸을 그저 조금이라도 더 이름 있는 학교에 보내려고 억지를 부렸는지….

엄마와 누나의 심기를 알아챈 아들은 퀸즐랜드대학이 얼마나 좋은지, 노벨상 수상자도 나온 대학이고 어쩌고 하면서 재잘거린다. 딸 고집이 나보다 센 거 이럴 때 다행이다. 어차피 그 애의 인생인데 한국에서 이렇게 멀리 호주까지 유학 왔으면서 여기서 또 진짜로 멀리 유학을 가겠다고 했으면 내가 가지 말라고 울며불며 잡았을지도 모른다.

아직도 마음의 탯줄을 끊지 못했나 보다.

어머니는 이정표다

어렸을 적 어머니는 늘 바쁘셨다. 대학교에서 강의를 하시고 입시학원의 원장직을 맡으셔서 우리 남매가 소풍 가는 날도 엄마 대신 일하는 아줌마를 딸려 보내셨다. 내가 일곱 살 때 발목이 부러지는 사고를 당해서 병원에 가야할 때도 엄마가 저녁 늦게 들어오시는 바람에 다음 날까지 병원에 갈 수 없었다.

'이 길로 가지 말아라.'

30대 때의 어머니 인생은 이런 이정표로 쓰여져 있다.

그래서 아이들이 어렸을 때 절대로 바쁜 엄마가 되지 않으리라 다짐했다. 아이들이 엄마를 필요로 할 때 꼭 있어주는 엄마가 되기로.

하지만 이정표에 자세한 설명이나 부작용 등은 쓰여져 있지 않았다.

'반대편 길로 가더라도 아이들은 감사함을 모름.'

'이기적으로 너만을 위한 인생을 살지 않은 후회를 감수해야함.'

이런 자세한 설명이 아이들을 낳은 그 시점 교차로에 미리 써져 있었으면 한참 고민해 보고 어머니와 같은 길을 따라 갔을까?

87세이신 어머니는 요즘 또 새 책을 내시기 위해 열심히 원고를 준비하고 계신다.

어머니가 59세 때부터 자연 건강요법 책을 출판하시기를 시작하고 계속 이와 관련된 출판을 해오시면서 세워 놓으신 이정표.

'이 시기엔 자기의 노후를 풍요롭게 해주면서도 남을 위해 할 수 있는 새로운 일거리를 찾아라.'

미스터 선샤인

얼마 전 장안의 화제가 되었던 TV드라마가 있다.

일본이 한국을 강점해가던 1900년대의 조선 젊은이들의 사랑과 조국애를 그린 감동적인 드라마였다. 매일 신문 기사마다 그 주에 방영되었던 내용이나 주인공들의 이모저모가 대서특필될 정도로 유명세를 탄 드라마이다 보니 온 가족이 모여 재미있게 때로는 눈물 흘리며 몰입했는데, 그 시대 조선 사람들이 침략자 일본인들에게 짓밟히는 과정을 보며 갑자기 50여 년을 거슬러 올라가 어린 손녀딸에게 지나가는 말씀처럼 하시던 외할머니의 음성이 문득 뇌리를 스쳤다.

"언제 커서 이 할미 말귀를 알아 듣겠노?"

어려서는 조선말기 종3품 집안의 자손이라고만 뻐기고 다녔던 외가댁. 그러다 좀 철이 들어 어머니를 통해 전해들은 이런저런 얘기들의 행간을 들여다보면 혹시 친일파 가문이 아니었는지 은근 조심스러워지는 부분들이 있었다. 외할머니는 한국 최초로 미싱 공장을 경영하셨는데 5세 정도 밖에 되지 않았던 어머니를 데리고 일본에 가셔서 미싱 기계로 바느질 하는 사진을 찍고 선전지를 만들었다는 일화. 외가댁에는 큰 방공호가 있었고 미싱 공장과 더불어 포목공장도 함께 운영했었다고 한다. 해방이 되고나서는 최초의 고무신 공장도 경영하셨다던지, 외할아버지는 늘 만주나 러시아로 돌아다니셨는데 외국의 신기한 그림엽서를 가족에게 자주 보내주셨다는 이야기 등등. 그런 배경에서 풍겨지는 인상은 결국 그 시대 조선의 다른 많은 국민들이 피폐하게 유린되어 초근목피로 연명하고 있을 때 의식주가 풍족하게 살았었다는 자체만으로 부끄러운 과거처럼 치부되어지는 것이었다. 그래서 가급적 그때 그 시절의 외가 쪽 얘기는 별로 언급하지 않으려고 애쓰는 편이었다.

금년 봄 한국을 방문했을 때 97세 되시는 큰이모님을 찾아뵈었는데 옛날 추억을 돌이켜보시며 두런두런 나누는 대화중에 외할아버지가 아마도 독립운동을 하셨을 거라고 말씀하시는 거였다. 나의 어머니는 그때 너무 어려서 아무것도 몰랐지만 어머니보다 12살 위이신 큰 이모께선 늘 만주나 러시아로 돌아다니시다 가끔 밤에만 잠시 다녀가시던 외할아버지를 기억하시고 할아버지가 오셨다 가실 때마다 외할머니는 큰돈을 몽땅 빼돌리곤 하셨다는 점, 꼭 나라를 되찾게 해달라고 틈틈이 기도 하셨다는 점, 독립이 되자 갑자기 외할머니 포목공장에서 태극기를 끝도 없이 찍어내셨다는 점 등을 얘기해주시며 아마도 자식들이나 주위사람들도 몰래 독립운동을 하신 게 아닌가 생각이 드신다는 것이었다. 97세이신 큰이모는 자신도 죽을 날이 머지않았는데 자식들이 이런 부모님들 뿌리에 대해 너무 모르고 있는 것이 안타깝다고 하셨다. 당신께선 스무 살에 시집을 가버려 친정 부모님들의 속내를 잘 모르고, 동생들은 어려서 잘 모르고 그래서 사실은 나라를 위해 큰일을 하시고 목숨을 걸고 무서운 일제 강점기를 현명하게 헤쳐 나오신 부모님이 그냥 필부의 인생으로 잊혀지지 않았으면 하는 바람이라고 하셨다. '그렇게 믿고 싶으신 거겠지.'라고 생각하며 대수롭지 않게 여겼었다. 그런데 얼마 전 치매로 요양원 계시던 93세이신 외숙모의 장례식이 있어 외삼촌의 자녀들인 사촌 언니들을 만나 얘기를 나누다 보니, 치매에 걸리신 외숙모께서는 다른 것은 다 잊어버리시고 유독 젊었던 시절 얘기만 계속 하시곤 했다는데, 아마 당신은 부잣집에 시집 와서 가장 행복했던 꽃다운 시절의 기억만을 간직하고 싶었기 때문인지 모르겠다. 사연을 듣고 보니 외숙모의 시아버지인 외할아버지께서 그 시절엔 아들 며느리에게 모든 재산을 주던 시대라서인지 며느리에게만 독립운동하고 계신 비밀을 알리시고 집안의 여러 가지 가보들을 잘 숨겨놓게 하셨다는 것이다. 그래서 다른 것은 다 잊어버리고 자식들의 얼굴마저도 잊어버린 치매 환자인 외숙모가 요양원에서 우리 시아버지 시어머니는 일제시대 때 공장을 경영하며 독립투사들에게 독립자금을 대기 위해 만주로 러시아로 몰래 몰래 다니시던 독립운동가라고 자랑을 하고 다니셨다는 거다. 그 자식들인 사촌언니들 말에 따르면 어머니가 치매 환자긴 하지만 그 시절의 기억만은 확실히 또렷했던 것을 보아 아마도 사실이 아니겠냐는 것이었다. 그러고 보면 큰이모께서 알고 계신 부분과 외숙모께서 기억하고 계신 부분이 일치한다.

사진 속에서 인자하게 웃고 계시던 긴 수염, 갸름한 얼굴에 잘 생기신 외할아버지와 동그란 얼굴에 야무진 인상의 외할머니를 떠올려본다. 아주 어렸을 때 돌아가셔서 기억에 없는 외할아버지. 머리에 쪽을 찌시고 깨끗한 한복에 허리띠를 꼭 조매고 계시던 아주 작은 체구의 외할머니셨는데.

드라마를 보는 시간은 내 뿌리셨던 그분들이 암흑의 역사 속을 어떻게 살아오셨는지를 알아가며 체험해 보는 귀한 시간이었다.

미스터 선샤인과 그가 사랑하던 양반집 규수, 그리고 주위의 인물들, 또 이름 없는 의병들이었던 많은 사람들이 다름 아닌 우리 외할아버지 외할머니셨구나… 하는 것을 깨달으며 그들의 인생에 함께 녹아드는 시간이었다.

"퍼뜩 커서 이 할미 인생을 꼭 책으로 써 주래이."

글짓기 상을 받아올 때마다 그러셨던 외할머니 음성이 문득 생각났다. 너무 어린 손녀는 그저 은빛 나는 하얀 머리를 은비녀로 쪽진 할머니 인생 속에 그런 장렬한 스토리가 있을 줄 감히 상상도 하지 못했었다. 하루 종일 명필처럼 단아하게 앉으셔서 하얀 한지를 반야심경 270자로 정성스레 채우고 또 채우시던 외할머니는 갑가지 쓰러지셔서 삼일 만에 세상을 떠나셨다. 그때 고1이었던 내가 병상을 헤매고 있지만 않았어도, 할머니가 그렇게 유언도 없이 급히 가시지만 않았어도, 어쩌면 목숨 건 독립운동의 전말을 내 손 부여잡고 전해주지 않으셨을까? 큰이모의 동생들이던 외삼촌들이 그렇게 단명하시지만 않으셨더라면? 돌아가신 외숙모와 한국에서 가까이 살았더라면 혹시 그 영웅호걸들의 비밀을 들을 기회가 있지 않았을까? 미국에 사시다가 치매가 되시고서야 한국 요양원으로 돌아오신 외숙모께 문병이라도 가 뵈었더라면? 그때도 나는 너무 멀리 호주에 살고 있었다.

망해가는 나라를 위해 생명과 재산을 바쳐 용감하게 살아오셨던 우리 조부모님들을 친일파로 오해하며 누명을 씌우고 부끄러워 남몰래 감추고 싶어 했던 과거의 내가 무색해진다.

시대는 영웅도 만들고 역적도 만들고 필부들의 인생에 기적 같은 용기를 불어넣기도 하나보다.

그때 그 시절의 우리 조상들은 아마도 이렇게 자식들도 모르게 목숨 걸고 숨어서 나라와 후손을 지켜낸 독립투사들이었을지도 모른다.

호주정부를 이긴 한국아줌마

12월이 되면 한국에서도 시의 남아도는 예산을 써버리느라 애꿎은 보도블록을 교체한다. 불편한 보행자들만 짜증이 나고 새로 바꾼 보도블록도 울퉁불퉁 날림공사이긴 매한가지다.

호주도 그런 걸까? 갑자기 동네의 작은 길에서 좀 큰 도로로 나가는 어귀마다 빨간 블록을 새로 깔고 공원 놀이터엔 햇빛가리개를 알록달록 설치하더니, 급기야 우리 집 앞 공원에도 중장비 차량이 즐비하게 섰다. 무얼 하나 내다보고 있자니, 바로 앞 공원잔디를 마구 파낸다. 뭘 하느냐고 물어보니 공원 일을 하기 위해 오가는 차량들을 위해 몇 대의 차량이 주차할 수 있는 공간을 만든단다. 공원주변에 공간도 많아서 그냥 지금처럼 차량을 주차해놓고 일을 하면 될 것이지 그걸 위해 무슨 주차장을 만들어야할까? 진짜 쓸데없는데 정부 돈 팍팍 쓴다.

그나저나 호주 정부가 어디다가 돈을 얼마나 쓰든 내 알바 아니고 내 집 앞의 초록 잔디가 훼손되고 시멘트 바닥이 생기고 트럭들이 왔다 갔다 하면서 아름다운 조망권을 망치는 걸 그냥 보고 있을 순 없었다.

"우리 집 앞에 저거 못 만들게 하자."

엄마는 마음이 급했지만, 마침 방학이라 집에 다 모여 있는 가족들. 모두들 자기 일에 몰두하느라 바쁘고 열난 엄마 의견엔 고개만 가로 저을 뿐. 아이들 왈, "시에서 하는 일, 그것도 벌써 다 시작해 반이나 했는데 우리가 무슨 힘으로 못하게 해요?" 남편 왈, "공원은 우리 땅 아니고 나라 땅이거든?" 아무도 협조를 않고 동동거리는 엄마에게 코웃음만 친다.

그러나 내가 누군가? 한국 아줌마면서 이 집의 왕초. 될 때까지 내 조망권 보호를 위해, 재산 보호를 위해 투쟁해 봐야지. 그래서 싫어 죽겠어 하는 가족들을 마구 닦달했다. 당장 남편을 시켜서 아는 변호사와 부동산하는 분들에게 문의전화를 넣었다. 아들을 시켜서는 이 일의 관리자 연락처를 알아오도록 했다. 딸에겐 시청에 항의전화를 하게 했다. 대답은 시티에서 하는 일을 너네가 왈가왈부할 수 없으니 7일 이내에 불편사항 신고를 정식으로 접수시켜보라는 것. 일하는 인부들로부터 관리자의 전화번호를 알아냈다. 부동산 하시는 분에게 전화로 문의를 하니 별 대책이 없이 집값엔 약간 영향이 있을 거라고 하고. 변호사는 집의 가치가 떨어지는 일이므로 소송하겠다고 말해두라는 의견이다.

그나마 관리자의 연락처를 가르쳐준 수염 긴 인부 아저씨가 제일 고마웠다. 관리자가 30분 후에 현장 도착. 집 식구 모두 출동하여 우리 집 앞의 잔디와 조망을 망칠 경우 소송을 불사하겠다고 말하고 옆의 빈터 앞으로 공사를 옮겨줄 것을 요청하였다. 뚱뚱한 백인 관리자는 이런 저런 이유로 우리 집 앞을 골랐다고 우겨대더니, 우리가 조목조목 따지며 권리를 주장하고 빈터 앞이 더 좋은 자리라고 설득하자, 이 가족이랑 이렇게 나가다간 계속 골치 아프겠다고 판단했는지 깔끔하고 시원하게 OK. 하루종일 내내 인부들이 자로 재고 잔디 걷고 땅 파고 했던 공사를 물리고 다른 곳에, 공원 사인까지 파서 옮겨가며 다시 공사를 시작했다.

드디어 레미콘 차가 와서 시멘트를 붓는다. 와!!! 과연 이렇게 쉽게 호주 정부가 우리의 말을 순순히 잘 들어줄 줄 꿈에도 몰랐다. 다섯명 인부들의 하루 인건비만 해도 만만치 않을 텐데. 일이 모두 마무리된 다음 날 저녁, 식구들이 조용하고 아름다운 공원을 보며 모두 혀를 내둘렀다.

"와와와. 한국 아줌마의 힘, 놀랍다. 이게 어떻게 가능하지? 호주 정부도 꼼짝 못하네."

영화 보러 가는 날

브리즈번에 사는 동안 아마 가장 아름다운 추억 중의 하나라면 딸과 둘이 버스를 타고 시내에 나가 영화보고 점심 먹고 데이트를 즐기는 일일 거다.

딸도 먼 훗날 문득 엄마와 거닐던 시티의 거리들, 다정한 수다가 배어있는 버스의 좌석들, 각국 나라의 다채로운 음식들을 엄마 한 입 저 한 입 떠먹여주던 그런 행복한 추억의 편린들이 보았던 영화들의 한 장면처럼 아스라이 떠오르는 날들이 있겠지.

파란 하늘 아래 예쁜 동네를 걸어 내려가 깔끔한 버스를 타면 시원하게 뚫린 버스전용도로가 우리를 가까운 시티까지 데려다준다.

호주 처음 왔던 해엔 도로에 버스가 안 보여 버스가 아예 없는 도시인 줄 알았던 기억이 나서 미소가 번졌다.

가끔 주택들이 멀리 보이긴 하지만 버스는 나무들과 버스 정류장만 통과해 간다. 다른 사람들의 눈총을 받지 않을 정도로 조용조용 여자들끼리의 수다를 떨다 보면 브리즈번 강을 건너 시티가 나온다.

무척 작은 시티. 언제나 많은 나라의 다양하게 생긴 사람들로 붐비고 중앙엔 하늘색 제복을 입은 경찰들이 믿음직스럽게 서 있고 가지각색 이벤트로 늘 재미있는 시티.

오늘은 앨리스 시볼드의 소설을 피터 잭슨이 영화화한 'The Lovely Bones'라는 영화를 보았다. 살해당한 14세 소녀가 천국으로 가지 못하고 하늘에서 가족과 살인자를 내려다보는 내용이다. 예고편을 보았을 땐 환타지적이면서도 가족 사랑으로 영혼의 끈을 묶는 아름다운 영화라고 생각했는데, 예상보단 좀 잔인하고 음침한 분위기가 곁들여져서 무서운 영화였다.

오늘은 그래도 벗 삼을 관객이 여기 저기 더러 있어서 다행이었다. 호주의 극장은 거의 빈자리가 태반이라 어떤 때는 우리 둘만 보는 경우도 있는데 이런 영화를 우리 둘이 봤다간 어디선가에서 살인마가 튀어나올 것 같아 다 못보고 도망쳐 나올 확률 100%.

딸과 나는 늘 영화가 끝나면 차를 마시며 감상문 보고를 하는데. 오늘은 좀 중요한 화제가 있었다.

"엄마는 맘 놓아도 되어서 좋겠어요. 이제 우리 다 커서 저렇게 유괴 살인당할 걱정은 없잖아요?"

딸의 말을 듣고 보니 잠시 그런 것도 같았지만, 곧바로 그 생각이 틀렸다는 결론에 도달했다. 딸에게 일어났던 두 사건을 기억해냈기 때문이다. 하나는 버스에서 너무 슬프게 우는 여자를 만나 얘기를 들어주다가 함께 내렸는데 화장실을 가야겠다고 해서 찾아 데려다 주고 그 앞에서 기다리고 있었더니, 갑자기 경찰들이 들이닥쳐 그 여자를 잡아간 사건이었다. 아직도 연유를 모르겠고 아마도 정신병원에서 나온 여자가 아닌가 하는 정도의 의심이 가지만. 만약 마약사범이기라도 했거나 화장실까지 함께 들어갔다가 공범으로 오해라도 받았다면 어땠을지 아찔한 사건이었다. 또 다른 한 건은 얼마 전 일인데, 그때도 거리에서 무척 연세 많은 호주 할아버지가 길을 알려달라고 해서 가르쳐 주다가 함께 버스를 타고 내리는 곳을 알려주었는데, 이 할아버지가 딸에게 자기는 아주 부자고 좋은 집도 있으니 함께 살자고 계속 치근덕거려서 상당히 기분 나빴다는 거다. 도대체 나이 많은 할아버지가 그런다는 게 아이로서는 이해가 안 된다고 했지만, 한국에선 70대 할아버지가 배 태워주던 남녀 대학생을 살해한 사건도 있고, 여기서도 꽤 나이 많은 호주 할아버지들이 젊은 동남아 여자들과 결혼하는 일이 더러 있으니, 외모만 보고 나이 많은 노인이라고 경계를 늦추어선 안 된다는 결론이었다.

영화에서의 주인공 수지도 사리분별이 확실하고 똑똑한 아이였지만, 늘 보던 이웃 아저씨가 특별히 만든 것을 꼭 보여주고 싶다고 동정심을 유발하였기 때문에 아이는 내키지 않았지만 예의를 지키려 따라간 것이었다. 어쩌면 이럴 땐 건방지고 안하무인격이며 어른들을 무시하는 애들이 살인마의 마수로부터 더 안전할 수도 있겠다는 생각이 들면서, 이 험한 세상에선 아이들 교육을 어떻게 시켜야 할지, 아니 어른들조차 어떤 처신으로 살아가야 할지, 다 큰 아이들을 둔 엄마도 섬뜩한 마음이 되었다.

"다음부턴 절대 이상한 사람들 도와주려고 덤비지 말아라. 아는 사람이라도 혼자서는 절대 따라가지 말아라."

이렇게 말하면서도 이렇게 사는 것이 정답인지 가슴이 답답해졌다.

희귀병? 불치병? 풍토병?

두 번째 학기가 시작되자마자 아들이 시들시들하였다.

남편은 10학년이 되자 공부가 너무 힘들어서 그럴 거라고 내 걱정을 붙들어 매려고 했지만, 아이의 목소리에 힘이 없고 밥맛도 시원치 않고 학교에서 끝나면 천천히 걸어 나오는 폼새 하며 차 안에서 재잘거리지 않고 푹 거꾸러지는데다 아침에 일어나기 힘들어 하는 것이 영 심상치 않았다.

만류하는 남편과 싸우다시피 하여 아이를 병원에 데리고 갔다. 혈액검사를 해보자는 의사는 아무래도 '그랜듈라 휘버(grandular fever)'가 의심된다고 했다.

그게 뭐예요?

"모기에 물려서 고열로 시작되는 감기 같은 바이러스 감염인데 발열 중엔 사람끼리도 옮길 수 있고, 치료법은 없어요. 15세에서 25세의 남자애들이 주로 걸리죠. 아주 중증의 피곤함이 계속되어 심하면 평생 회복되지 않을 수도 있고 빨리 나으면 한 두세 달 걸릴 수도 있어요."

그런 희귀병이 우리 아들에게? 절대 믿고 싶지 않았지만 혈액 검사 결과를 보니 의사가 족집게였다. 아들의 혈액엔 그 바이러스가 아직도 들어있었다. 검사결과가 나온 후, 어쩌면 불치병이 될지도 모른다는 이야길 할 수가 없어 아이에겐 비밀로 하려고 했지만, 결국 일주일이 못가 아들도 낌새를 채고 말았다.

밤이면 자는 아이를 옆에 두고 눈물로 기도하는 엄마가 얼마나 이상했을까? 딴 때와 달리 하교 후에 그냥 잠만 자도 공부하라고 성화하지 않는 아빠가 얼마나 수상했을까? 게다가 아침엔 깨우지도 않고 마냥 결석을 시키다니….

'혹시 내가 죽을 병이라도?' 이런 의심으로 아들이 속앓이를 하는 것 같아 차라리 솔직히 말하는 게 나을 것 같았다.

"너 자는 사이에 학교 교장선생님을 만났더니 너네 학년에서 10명이나 이 병에 걸렸대. 교장선생님도 너처럼 10학년 때 이 병이 걸렸었고 대부분 너만 한 나이의 남자애들이 많이 걸린대. 그냥 학교에 오든 말든 너 하고 싶은 대로 하래. 시험도 안 봐도 되고, 숙제 안 해와도 되고, 피곤하면 언제든지 양호실에 가서 자면 된대. 조퇴도 맘대로 해도 되고."

아들도 나도 그런 학교의 지침을 알고는 맘이 한결 편해졌다. 정말 좋은 호주 학교다. 한국 같으면 결석일수에 걸려 학년을 못 올라가는데. 병은 소문내랬다고 여기 저기 말을 하고 다니다 보니 자기 아들도 그 병에 걸렸었다는 호주 엄마들을 많이 만났고, 아마 자기 아들도 그 병이었나 본데 공부 안하고 잠만 잔다고 야단만 쳤다고 후회하는 한국 엄마도 더러 만났다.

아침이면 학교가기 바쁘고 학교 갔다 오면 제 방에 처박혀 있어서 얼굴 볼 여유도 별로 없던 아들이 하루 종일 침대 위에 누워있다.

그 전엔 학교가고 없는 텅 빈 침대를 볼 때마다 마음이 허전하더니 한 없이 잠 속으로 빠져 들어가는 아들이 늘 침대 속에 누워있으니 빈 침대가 그리워지기도 했다.

드디어는 한국에 계신 부모님들께도 다 말씀을 드렸다. 어차피 초등학교 3학년을 건너 뛰어 빨리 달려온 아이니 이참에 한 학년을 쉬게 할까보다고.

그랬더니 예전에 사우디아라비아에서 오래 근무하셨던 시누 남편이 얼른 한국으로 보내라고 한다.

"그런 병이 한국 애들에겐 별로 없는데 호주에 많다는 걸 보니 풍토병 같네요. 사우디 회사에 있을 때 풍토병 걸리는 직원이 있으면 무조건 다음 날로 한국에 보내요. 그럼 감쪽같이 낫는다니까요. 치료법도 없다면서 거기 데리고 있지 말고 빨리 보내요."

그럴까? 어차피 학교도 못가고 침대만 지고 있는 걸 한국에 가서 한약도 먹이고 전통음식이라도 많이 먹으면 좀 나을까?

엄마가 없어도 아빠가 잘 보살펴줄 수 있을까?

엄마의 걱정은 끝이 없었지만, 너무나 신기하게도 아들은 한국에 나가자마자 씻은 듯이 건강을 되찾았다.

와!!! 이런 게 풍토병이란 것인가? 혹은 나을 때가 되어 나은 것인가? 또는 가기 전에 목사님들 안수기도 받은 기도발인가? 아니면 엄마와 교회 집사님들의 중보 기도발?

얼마나 다행인지….

그래서 아들의 한국여행은 요양 차 갔다기보다는 조부모님들 위로 차 간 것이 되고 말았다.

은사님께 드리는 선물

딸은 드디어 세 개의 고운 선물을 정성스레 들고 아침 일찍 학교로 출발했다. 지난 2년간 한 번도 들르지 않던 모교. 그보다 더 지난 4년간 갖은 추억을 만들어가며 다녔던 그 학교로.

딸에겐 세 분의 은사가 계시다. 뛰어난 실력이 아닌데도 늘 격려해주시고 그린 그림마다 전시회도 열어주신 일링워스 미술 선생님.

같은 반에 일본에서 9학년에 유학 온 일본학생이 있었는데도 우리 딸에게 늘 더 좋은 점수를 주시고 몸이 좋지 않아 보이면 먼저 알아보시고 다음에 시험을 볼 수 있게 배려해 주시던 블랙모어 일본어 선생님.

9학년 처음 유학 갔을 때 수학선생님으로 인연을 맺어 고등학교로 올라오면서도 딸을 늘 곁에서 응원해 주시고 깡패 같은 아이들에게 곤욕을 치를 때 과감하게 그 아이들을 수업 중에 불러내어 겁을 주셔서 그 아이들이 졸업하는 그날까지 딸애 근처엔 얼씬도 할 수 없게 해주신 고맙고 무서운 선생님. 그리고 졸업 땐 너무나 감동적인 편지를 써주셔서 딸애가 어려운 일이 있을 때마다 꺼내 보고 다시 용기를 얻게 해주신 미남의 레넌 선생님.

이 세 분은 정말이지 딸의 인생에 평생의 잠을 깨우신 은사님이라 할 수 있어서 늘 감사하며 그 은혜를 절대 잊으면 안 된다고 입버릇처럼 되뇌면서도 모교에 불쑥 찾아가 늘 거기 계실 선생님들을 만나 뵙는 건 왜 그리 어려웠던지. 개학 중엔 너무 바빠서 마음의 여유가 없고, 어느 방학엔 특별히 할 공부가 있어서 안 되고, 어느 방학은 아직 특별히 자랑할 게 없어서 안 되고, 그러다 이번 방학은 너무 살이 쪄서 안 되고…. 그렇게 늘어진 핑계를 대며 차일피일 미루고 있는 딸애를 어느 날 무섭게 협박했다. "그러다 어느 선생님 한 분이라도 전근을 가시거나 운이 없어 돌아가시기라도 하면 어쩔래?" 딸애는 어이없어 하면서도 엄마의 협박에 말려들었는지 다음 날 액자 선물을 세 개 사고, 학교 다닐 때 그림을 그려드렸던 두 선생님 액자엔 함께 찍은 사진을 넣고 꼭 그려달라고 부탁하셨는데도 끝내 못 그려 드렸던 레넌 선생님은 밤새워 초상화를 그려 액자에 넣어 선물을 마련했다. 그리고 아침 일찍 서둘러 집을 나섰다. 11시쯤 아이에게서 전화가 왔고, 12시쯤 집에 돌아온 아이는 엄마를 와락 껴안았다. "엄마는 정말 쪽집게야." 점심을 먹으며 스토리를 들으니, 미술 선생님은 그 2년간 자궁암이 발병하여 고생하시는 중으로 그날도 결근을 하셨고, 일본어 선생님도 계속 아파서 3주 째 결근 중이셔서 선물만 옆 방 선생님께 남겼고, 수학 선생님만 만나 뵈었는데 갈색으로 그려간 초상화가 무색하게 그새 머리는 회색으로 바뀌었고 함께 다니시던 부인과 딸은 안 좋은 사연으로 학교를 옮겼고 본인도 언제 학교를 떠나실지 모른다는 거였다. 점심은 먹는 둥 마는 둥 우리 모녀는 마음이 무거워졌다. 왜 좋은 선생님들에게 그런 불행한 인생이 닥치는 것인지, 딸애는 이해할 수 없는 세상사에 가슴 아파했고, 나도 먼 옛날 나의 은사님이시던 교수님이 생각나 또 슬퍼졌다. 유학 갔다 오면 당신 자리라도 내주마하시던 교수님, 돌아와 기쁜 마음으로 찾아뵈었더니 무덤에 계시던 그 슬픈 기억. 딸아, 인생이란 그런 건가 봐. 완벽한 준비가 되어 찾아뵐 때까지 기다려주지 못하는 분들이 많지? 그분들이 바라는 것은 잘난 모습이 아니고 제자가 자신을 잊지 않고 찾아주는 게 고마운 거란다.

딸은 그렇게라도 은사들을 찾아 마음의 짐을 덜었지만, 나는 어떤가? 아직도 내려놓지 못하고 풀지 못한 짐들이 많아 저녁 내내 마음이 무거웠다.

10년 사이

10년 전 처음 호주 와서 느꼈던 뭔지 모르게 묘한 냄새와 새소리들과 파란 하늘과 진초록의 녹음, 다른 환경들.

세세히 간직했던 일기들과 사진들은 고장 난 컴퓨터와 함께 영영 사라졌다. 마음도 늙어가는지 자질구레한 기억들을 돌이키고 주워 담고 싶지도 않다. 하지만 요즘 찍은 아들의 사진 한 장과 10년 전 호주 학교 교복을 처음 입고 찍었던 모습을 대조해 보니 갑자기 떠오른 그때 그 시절이 울컥, 마음을 아프게 한다.

10년 전, 아이들이 처음 호주 학교에 입학을 하고 정신없이 애들을 데리고 학교에 왔다 갔다 하며 적응해가던 어느 날이었다. 저녁 뉴스를 보니, 퀸즐랜드 주 선샤인 코스트의 한 버스 정류장에서 버스를 기다리던 13세의 대니얼 모컴이라는 소년이 사라졌는데 계속 수사 중이지만 실마리도 찾을 수 없다고 했다.

지금은 골드코스트에 강도사건도 가끔 나지만 그때만 해도 정말 평화롭던 이 지역은 뉴스라고 해 봐야 늘 자연 뉴스 밖에 없었다. 코알라, 캥거루, 고래들의 뉴스, 기껏해야 수영하다 죽은 사람이나 캥거루에 엉덩이를 차인 사람, 상어공격을 받아 다리를 절단한 사람, 차에 치어 죽은 코알라 등등. 그런 뉴스들 가운데 13세 소년의 실종사건은 보는 사람을 경악케 만드는 아주 쇼킹한 큰 뉴스였다.

하필 그 소년의 사촌이 아이들 학교에 다니고 있어서였는지, 학교에선 대니얼 사진을 표지로 만든 공책을 제작해 아이들에게 나눠주며 어떤 정보라도 제보해달라고 하고 조회시간 마다 대니얼 모컴을 위한 기도를 하고 있었다. 뉴스가 나올 때마다 내 가슴은 다른 부모들 보다 몇 십 배나 철렁철렁, 아플 수밖에 없었는데,

실종된 소년의 이름 대니얼이 아들에게 지어준 이름 대니얼과 꼭 같은데다 늘 화면에서 울고 있는 실종 소년의 엄마 이름 드니스는 딸의 이름 드니스와 똑같았기 때문이다.

호주사람들이 발음을 좀 빠르게 말하면 대니얼 모컴, 드니스 모컴은 대니얼 킴이나 드니스 킴과 거의 비슷하게 들리는 경우도 있어서, 사건을 당한 그 집을 빼면 그 다음으로는 우리 집이 제일 운 나쁜 집이 아닐까하는 오만가지 잡념이 들며 소심한 엄마 마음을 괴롭혔다.

그러던 어느 날은 아들이 늘 기다리던 주차장에서 엄마를 기다리지 않고 누나 교실 쪽 주차장에서 기다리는 바람에, 진짜 아들 잃어버린 줄 알고 혼비백산한 엄마가 선생님들과 경비원들을 다 동원하고 그 큰 학교를 누비고 다니며 아들을 찾는 대소동을 일으킨 사건도 있었다.

호주에서도 실종되는 아이들은 꽤 많다고 한다. 가출도 많이 하고 아마 산이나 바다에서 길을 잃는 사람들도 많은가 보다.

그렇지만 대니얼 모컴이란 아이는 어떤 연유에선지 계속 잊을 만하면 또 한 번씩 뉴스를 장식했다. 아마도 아들을 절대 포기할 수 없었던 부모님들의 의지가 그렇게 강력했던 것 같다.

100여 명의 수사관이 동원되고 1만여 명과의 인터뷰가 이뤄졌으며 2008년에는 기업인들이 경찰과 함께 100만 불의 현상금을 내 걸기도 했다. 식을 줄도 모르고 해결되지도 않던 대니얼 사건의 열기, 그것은 정말 내 가슴 한 켠도 늘 자유롭지 못하게 얽어매고 괴롭혔다.

왜 우리는 미국에서 태어난 딸아이 이름을 드니스라고 짓고 그렇게 등록했었을까?

왜 호주에 오면서 우리는 아들아이 이름도 딸과 같은 이니셜을 쓰도록, 또 성경에 나오는 다니엘에 반해 대니얼로 지었을까? 후회한 적도 있었다.

그러던 대니얼 사건이 8년 만에 종결되었다.

어느 날, 전직 트럭기사인 브렛 피터 코완(41)이 살해, 아동납치, 아동추행, 시신훼손 등의 혐의로 전격 체포, 기소되었던 것이다.

이어 실종 장소에서 40㎞쯤 떨어진 비어와(Beerwah) 근처 주유림 지역에서 대규모 수색을 통해 대니얼의 것으로 추정되는 운동화와 유골 3개가 발견되고, 경찰은 유전자 감식작업을 했다.

대니얼 군은 움바이의 남보(Nambour) 커넥션 하이웨이에서 버스를 기다리다가 실종되었다고 한다. 이 사건 이후 퀸슬랜드주에서는 차비가 없다는 아이들은 무조건 무료 승차할 수 있는 법을 마련하였다.

대니얼 식구들과 대니얼의 엄마 드니스 모컴은 TV 뉴스를 또 한동안 장식해야했다. 그동안 나만큼이나 늙은 대니얼의 엄마 드니스 모컴의 얼굴, 정말이지 잊고 싶었던 그 얼굴과 그 이름을 TV에서 다시 볼 수밖에 없었다.

그러나 이제 강렬한 선샤인 주의 햇볕에 엄마 드니스 모컴씨의 슬픔도 많이 탈색되었는지 더 이상 그녀는 울지 않았다. 아빠 모컴씨도 담담하게 인터뷰를 하고 있었다. 그동안 대니얼을 잊지 않고 찾는데 노력해준 호주국민 전체에게 감사한다고.

아…, 대니얼의 엄마는 그동안 아들을 찾다가 겨우 아이의 시신 묻힌 곳을 발견하고 범인을 잡았다는 소식을 들었는데,

내 아들 대니얼은 그동안 이렇게 멋지게 자라나 행복하고 건강하게 살고 있다니….

아들의 사진을 보니 대니얼의 엄마에겐 너무너무 미안하고 슬프고… 다행히도 다른 나라에 와 잘 적응하며 별 탈 없이 자라준 아들과 우리 가족에 함께해 준 모든 행운에 감사하는 마음이 가득 차올랐다.

브리즈번 공항에 내리며, 처음 살게 될 집에 들어서며, 그리고 아이들 교실에 들어서며 느꼈던 이루 말로 다 표현할 수 없던 여러 가지 느낌들이 다 되살아난다.

그 세월 동안 아이들은 이렇게 다르게 자라나는구나. 대니얼이 죽지 않고 어디서 살아있었다 한들, 그 엄마가 장성한 아들 모습을 알아볼 수나 있었겠나? 우리 아들 대니얼도 오동통한 그만한 때 잃어버렸더라면 지금 늘씬하게 큰 저 모습의 청년을 내 아들인 줄 알아볼 수나 있겠나?

대니얼 어머니 드니스 모컴씨.

이제서야 아이의 시신을 찾았지만 진짜 대니얼은 벌써 오래전에 천국에서 자리 잡고 멋지게 살고 있을 거예요. 아마 그곳에선 우리 아들 대니얼처럼 저렇게 훌쩍 자라서 잘생긴 청년이 되어있을 거예요!

베개친구

큰아이 어렸을 적 두 번 정도 베개친구가 집에 와서 자고 놀았던 기억이 있는데 남의 집 아이들은 어떻게 자라고 있나를 통해 그 집 부모들의 성향도 알 수 있고 애들마다 참 다르다는 것도 느낄 수 있었던 아름다운 행사였다.

호주에 온 첫 해, 같은 동네에 사는 아들의 홍콩 친구가 우리 집에서 자고 싶다고 하여 허락하였다. 그 집 엄마가 함께 와서 저녁 식사도 하고 아이에 대해 이런 저런 정보들을 주고 작별인사를 하고 7시쯤 돌아갔다. 그런데 초등 2학년인 이 아이는 아들과 놀다가 우리 아들이 벌써 쿨쿨 곯아떨어진 10시가 넘었는데도 자지 않고 혼자서 이것저것을 만지며 돌아다니고 있었다. 아이가 예민하다더니 잠자리가 바뀌어서 잠이 안 오나 보다 하며 걱정하다가 잠이 들었나 보다. 새벽 두시쯤 딸이 슬며시 나를 깨우는 거였다. 아래층에서 무슨 소리가 나서 살금살금 계단을 내려가 보니 그 아이가 부엌에서 칼을 만지작

거리고 있더라는 것이다. 딸아이는 너무 놀랐는지 가슴이 쿵쾅거리며 호흡도 잘 못하고 무서워 덜덜 떨며 엄마를 깨우러 온 것이었다. 남편은 서울에 있고 아이들은 어린데, 그 엄마는 자기 아들이 성격적으로 예민해서 학교에 잘 적응을 못한다고는 했지만, 혹 이상한 문제점이 있을 수도 있고 그러고 보니 눈초리가 아이답지 않은 면이 있는 것도 같고 하여 등골이 오싹하였다. 겁 많은 여자지만 나는 엄마이면서 이 집에서 혼자 어른이 아닌가? 이미 무서운 상상 속에 들어가 허우적대고 있는 딸을 달래서 집 전체에 불을 켜고 정신없이 자고 있는 아들도 깨워서 데리고 아래층으로 내려갔다. 그 아이가 소파 가운데에 멍한 눈빛으로 앉아있었다. 더 생각할 것도 없이 이렇게 잠을 돗자서는 안 되겠다며 그 아이 엄마에게 전화를 걸고 물건들을 얼른 챙겨서 꼭두새벽에 차를 몰아 집에 데려다 주었다. 아직도 그때를 생각하면 간담이 서늘하다. 어둑어둑한 아래층 소파에 바른 자세로 앉아 밤새 자지 않고 있는 꼬마 아이. 어린아이도 그럴 때는 정말 무서울 수 있더라.

그 후론 아이들이 친구를 데려와 자는 일은 없었는데 어쩌다 보니 12학년이나 된 아들 친구들이 여섯 명이나 우리 집에 와서 슬립오버를 하기로 약속을 하고 말았다.

마침 며칠 전에는 이에 대한 기막힌 신문기사가 하나 실려서 이놈의 약속을 취소해야할지 말아야할지 상당히 고민이었다.

친구 집에 슬립오버를 갔던 아이가 이층 침대에서 떨어져서 다쳤고 그래서 아이를 재워주었던 집이 8억이나 되는 치료비를 물어주게 되었다는 슬픈 이야기다. 친구끼리는 원수지간이 되었을 테고.

오만 가지 걱정에 전날은 잠도 제대로 못 잤다. 그러나 고민만 하고 있으면 무슨 소용이랴? 모든 걸 운명에 맡기고 기도하는 마음으로 이 거사를 치러내자.

아침 10시가 되자 하나씩 둘씩 모여든 아이들. 모두 ABC(Australian Born Chinese -호주에서 태어난 중국인)들이다. 이런 친구들이 KBK(Korean Born Korean -한국에서 태어난 한국인) 친구 집을 믿고 자러 온 것이다. 아니 그 부모들도 뉴스기사를 보았을 텐데 취소도 하지 않고 한 명도 빠짐없이 모두 남의 집에 아이를 재우러 보낸 것이다.

겨울철에도 영상 10도 이하로 내려가지 않는 브리즈번이지만 그래도 추울 텐데 마루에서 모여 자기로 하고 슬리핑백을 하나씩 메고 나타났다. 한 엄마는 현관 안에까지 들어와서 직접 인사를 하고 초콜릿 한 상자를 선물로 주고 갔다. 생각 같아서는 그 엄마의 아들이 제일 귀한 대접을 받았으면 좋았겠지만, 엄마의 정성과 아이들 수완은 별개의 문제인지 나중에 보니, 다른 녀석들, 이층 방에 있던 매트리스까지 언제 들고 내려갔는지 아래층 방 침대 옆에 가져다 놓고, 우리 집 이불들까지 다 차지했는데, 불쌍하게도 그 녀석만 자기 슬리핑백 안에 누워서 그것도 다른 녀석들 발밑에서 자고 있었다. 아이고… 제 엄마가 봤으면 얼마나 속상했을까?

혹시나 1층 침대인데도 고 높이에서나마 떨어져 아래에서 자고 있는 아이들과 충돌사고라도 나지 않는지, 혹시 잠은 안자고 돌아다니거나 부엌에서 칼이라도 만지작거리는 애는 없는지 신경이 곤두서서 2층과 아래층 복도 마다 불을 켜놓고 거의 밤을 새우다시피 하였다.

아이들이 중간 중간 나가서 영화도 보고 오고 집 앞 공원에서 농구도 하고 축구도 하고 오긴 했지만, 그날 하루 종일, 그리고 다음 날 점심까지를 우리 집에서 먹고 갔는데 무슨 음식을 해주든지 식사 기도도 열심히 하고 맛있게 먹어주어서 참 예뻐 보였다.

아침식사를 서양 뷔페식으로 해주었더니, 어떤 친구는 씨리얼만 두 그릇 먹고 어떤 녀석은 구운 옥수수만 몇 개 먹고 어떤 애는 달걀만…. 이런 식으로 많이들 편식을 했다. 제일 인기인 것은 단연 군만두였다. 이틀 동안 군만두 여섯 봉지를 다 먹어치웠다.

아이들이 가져온 슬리핑백들을 보니 모두 개성 있고 멋지다. 인형까지 챙겨온 애는 누굴까? 진짜 깜찍했다. 남자녀석이.

중국 떼놈들이라는 말이 있지만, 운동화 정리까지 깔끔히 하고 들락거리는 남자 녀석들. 아침저녁 샤워도 잊지 않고 모두 거울 앞에 서서 드라이기로 미장원을 차리기도 하고 잘 때는 잠옷까지 다 갖춰 입고 인사를 하고 나서 잠자리에 드는 것을 보니, 여기서 태어나 자란 ABC녀석들은 절대 떼놈들이 아니었다.

휴우. 어쨌거나 모두 건강하게 안전하게 다치지 않고 사고 없이 돌아가서 얼마나 다행인지 모른다.

며칠 후까지 아무런 전화도 없고 식중독이 걸렸다는 얘기도 없는 걸 확인하고 나니 이제야 마음이 놓인다.

노아와 링고

"와, 이 강아지 봐. 우리를 너무 좋아해."

애완견을 파는 가게 강아지들 중에서 새로 들어온 손님들을 보고 제일 크게 꼬리를 흔들며 깡충깡충 환영하던 연베이지색 강아지. 크고 아름다운 검은 눈동자를 가진 순종 라브라도 새끼였다. 우리가 네 식구로 모여져 가족을 이루고 살아온 이후 벼르고 벼르다 처음 새 식구로 맞이한 노아.

태어난 지 4주 만에 우리 집에 온 노아는 아무도 기대하지 않고 무심코 던져 본 '핸드'라는 말에 정확하고도 예쁜 몸짓으로 손을 내밀던 영리한 강아지였다. 정성들여 만들어준 밥을 하도 맛있게 먹고 또 더 달라고 두 발로 다리를 긁어대는 바람에 하루에 대여섯 번도 더 밥을 주다보니 노아는 무럭무럭 탄탄하게 자라났다. 길고 가는 다리와 단단한 몸매에 윤이 자르르 흐르는 베이지색 털은 매일 보면서도 감탄이 나올 만큼 예뻤다. 어느 날인가는 너무 가는 다리가 조금 휘는 것 같아 멸치 국물을 끓여서 며칠씩 먹였다. 그러면 거짓말 같이 휘던 다리가 쭉 곧아지며 더 훌쩍 길어져서 탄성을 지르게 하던 노아.

어린 노아는 엄마가 설거지를 할 때면 열려진 식기세척기 밑으로 긴 다리를 뒤로 쭉 뻗치고 들어가 말똥말똥한 까만 눈으로 열심히 접시를 닦는 엄마를 보고 있었고 식구들이 외출했다 돌아오는 소리가 나면 제 키의 두 배 만큼 껑충 껑충 뛰어오르며 반겨주곤 했다. 하루 종일 종종 거리며 집안일을 하는 엄마를 졸졸 따라다니며 마냥 행복하기만 했던 노아.

이렇게 사랑스럽던 노아가 불행의 열차로 갈아타게 된 계기는 한국에서 다니러 오신 할아버지 때문이었다.

원래 개를 길러보지 않으셨던 할아버지는 식사시간에 할아버지 무릎에 펄쩍 뛰어 달라 들고 양말을 물어뜯던 노아를 보고 질겁하셨다. 외국에 오래 살며 시아버님을 모시지 못한 한을 풀어보겠다고 애걸복걸을 하여 모시고 온 시아버님이 아닌가? 나는 눈물을 머금고 노아의 침대를 현관 밖으로 옮겼다.

3개월을 막 지난 아기인데 마침 겨울로 바뀌는 계절, 떨어지는 기온에 밤에 춥지는 않을까? 엄마와 아이들은 노심초사 노아가 불쌍해서 마음으로 함께 울었지만, 아빠와 할아버지는 한국의 개들은 한겨울 눈 속에도 사는 거라며 우리의 걱정을 일축했다.

노아가 촉촉이 젖은 눈망울로 불빛 새나오는 창문만 하염없이 바라보며 있는 것이 애처로워 엄마는 노아의 침대 위에 엄마의 치마로 커튼을 만들어 걸어주었다. 노아는 커튼에서 나는 엄마 냄새를 맡으려고 온몸에 치마를 두르고서야 잠들곤 했다.

어느 비 오고 번개 치던 날, 천둥소리에 놀랐는지 미친 듯이 잔디를 파내고 진흙으로 목욕을 한 채 새까만 흙탕물 속에 주저앉아 있던 노아는 엄마와 아이들의 마음속에 눈물 홍수를 만들었다. 노아야 제발 현관 처마 밑의 네 집으로 들어와 비를 피하렴. 빗물과 눈물로 온몸이 범벅이 된 채 점점 더 커지고 힘 세지는 노아를 끌어 당겨보았지만 반항기에 접어든 노아는 막무가내로 고집을 부리며 달빛에 하얗게 쏟아지는 빗속에서 까만 눈을 부릅뜨고 눈물을 흘리고 있었다. 왜 이 빗속에도 나를 집 안으로 못 들어가게 해? 노아는 껑껑 울리는 소리로 짖고 또 짖었다.

노아는 사춘기가 되었나 보다. 아니 그렇게 사랑해주던 엄마와 아이들이 갑자기 자기를 마당으로 쫓아내고 놀아주지도 않는 것을 받아들일 수 없었나 보다. 매일 집 안을 보고 짖기 시작했다. 노아의 목소리는 그 잘 빠진 몸매와 수려한 얼굴 모습과 어울리게 우렁차고 청아하게 온 동네에 쩌렁쩌렁하게 울려 퍼졌다.

어느 날 카운슬 직원이 초인종을 눌렀다. 동네의 어느 이웃이 노아가 짖는 소리를 신고했다고 했다.

아빠는 노아의 스트레스를 풀어주려고 아침마다 강렬한 햇볕 속을 걸어가 한 시간씩 공원에서 산책을 시키고 놀려주었다.

아이들도 틈만 나면 집 앞 공원에서 노아와 공 던지기를 하거나 데리고 동네를 돌아다녔다. 하지만 노아의 말썽은 수습하기 힘들게 심해져갔다. 온 잔디를 파내고 집 앞마당에서 자태를 뽐내던 비싼 분수대를 부수고 거금 들여 사다준 푹신푹신한 침대를 분해해서 초록색 잔디마당을 솜으로 하얗게 만들거나 집 주위에 매설된 전선줄들을 모두 파내어 다 잘근잘근 씹어댔다.

아빠가 한 달에 한 번 정성스레 깎고 다듬던 잔디밭은 군데군데 큰 구덩이가 뚫린 진흙 밭이 되었고 노아가 전선줄을 끊어버린 스프링 쿨러 때문에 꽃나무들은 시들어갔고 대문과 담을 밝히던 전등들은 켜지지도 않았다. 한두 번 더 카운슬 직원들이 방문했고 6주나 되는 강아지 학교에도 데리고 다니고 비싼 개 조련사를 불러 짖지 않고 땅을 파지 않게 훈련도 시켰지만 소용없었다. 더 이상 참기 힘든 아빠가 어디든 보내버릴지도 모른다는 두려움에 잠긴 아이들은 인터넷을 뒤져 산 전기 충격기로 짖을 때마다 충격을 주기도 했다. 레몬즙까지 얼굴에 뿌렸을 때 그 예쁘고 순하기만 하던 노아는 드디어 무서운 이빨을 드러내며 으르렁 거렸다. 어느 날 산책을 데리고 나갔을 땐 공원의 사람에게 달려들어 신고를 당할 뻔하기도 하고 좋다고 달려든 힘센 노아를 못 이겨 쓰러진 엄마는 허리를 다치기도 했다. 놀아달라고 달려들 때마다 그 강한 발톱이 할퀸 식구들의 팔은 피 맺힌 상처투성이가 되어 흉터가 지워지는 날이 없이 계속되었다.

아빠는 더 이상 참을 수가 없다며 노아를 다른 집에 입양보내자고 엄마를 부추겼다. 아이들은 눈물을 흘리며 안 된다고 막무가내였다. 아빠와 아이들 사이에서 이럴 수도 저럴 수도 없는 엄마는 잠을 잘 수 없었다.

노아야….

달빛 속에 더 반짝반짝 빛나는 베이지색 예쁜 털을 조용히 들썩이며 노아도 잠들지 못하고 멍하니 담 밖 공원의 새까만 나무들을 보며 누워있다. 하루 종일 온갖 말썽을 부리느라 힘들었는지 깜빡 깜빡 힘없이 졸려 보이는 그 까맣고 예쁜 눈망울을 보며 엄마는 노아에게 간절히 부탁했다.

'제발… 짖지 좀 말고 잔디 좀 파지 말고 전선이나 신문 좀 물어뜯지 말아… 제발… 너 이러다 쫓겨나… 제발….'

"으아아아악 엄마…."

어느 날 점심때쯤 심장을 찌르듯 귀청을 울린 아들의 비명소리. 식구들은 방학을 맞아 집에서 쉬고 있던 아들이 질러댄 뜻밖의 비명에 소리를 따라 집 밖으로 모두 뛰쳐나갔다. 대문 밖 아스팔트 위에 쓰러져있는 노아의 머리에서 흐르는 피.

도대체 무슨 일이 일어난 것일까?

엄마는 이미 움직임이 없는 노아의 탄탄한 베이지색 몸과 다리의 윤기 나는 털을 어루만지며 목 놓아 노아의 이름을 불러댔다. 눈물이 하염없이 흘렀다.

노아야….

오랜만에 놀아주던 아들과 함께 집 앞 공원에서 뛰놀다 공을 잡으러가던 노아는 마침 지나가던 트럭에 머리를 받쳐 즉사 하고 만 것이었다.

동네 사람들이 모여 들거나 말거나 길바닥에 주저앉아 엄마가 울고 있는 동안 아빠는 노아를 나무 밑 그늘로 옮기고 타월로 덮은 후 동물장례를 치는 곳에 전화를 하였다.

노아를 데려간 곳에서 이틀 후 전화가 왔고 우리는 화장터에서 노아와 마지막 작별을 했다. 나무상자 속의 하얀 뼛가루와 아직도 예쁘게 윤나는 베이지색 털 한 줌을 남기고 노아는 그렇게 우리를 떠났다.

"하나님이 너희 가족을 참 사랑하시나 보다. 좀 더 있었으면 아빠와 애들 사이에 큰 싸움나거나 그 사이에서 네가 말라죽을 뻔했다."

사연을 아시던 친정어머니는 그렇게 위로해 주셨고 어떤 분은 마침 그 즈음 스무살 된 아들이 급사를 한 집도 있는데 그

깟 개 한 마리 죽은 걸로 슬퍼하지 말라며 시도 때도 없이 눈물 흘리는 엄마를 나무라시기도 했다. 아들을 잃은 그 엄마를 잘 알고 있었기 때문에 그 아들이 얼마나 귀한 아들이었는지 너무나 잘 알고 있었기 때문에 노아를 위해 흘리는 눈물은 죄스럽기만 했다.

하지만 엄마와 아이들 눈에서 흐르는 눈물은 시간이 흘러도 줄지 않았다.

아무리 겨울이 춥지 않은 이곳이지만 사람들과 함께 집 안에서 자다 갑자기 쫓겨난 노아는 얼마나 춥고 외롭고 마음도 시렸을까? 집안에서 놀고 싶다고 그렇게 짖어댔는데 그럴 때마다 전기로 충격을 주고 레몬즙을 얼굴에 뿌린 우리를 얼마나 원망하며 미워했을까? 노아를 다른 곳에 입양 주겠다던 아빠에게 그렇게 적대적으로 맞서던 아들은 제가 공놀이를 하다 노아를 죽였다고 자책감이 얼마나 심할까? "당신은 좋겠다. 아빠는 시원하겠다. 노아가 없어져서…." 이런 말을 듣고 있어야 하는 아빠는 얼마나 가슴이 찢어질까?

매일 일 끝나고 돌아올 때면 노아의 장난감이나 간식, 새 침대 새 옷을 사오는 게 취미였던 딸은 노아의 죽음도 보지 못했다며 얼마나 슬퍼했는지….

"이것 좀 봐봐. 아빠 생일에 태어난 강아지가 있어. 바로 우리 동네야."

노아가 죽은 지 두 달 동안 눈물 그렁그렁한 눈을 인터넷 강아지들 사진에서 떼지 못하던 딸이 어느 날 뛸 듯이 기뻐하며 발견한 강아지 링고.

누구와의 의논이나 결정도 없이 단숨에 그저 링고를 사가지고 데려옴으로써 드디어 식구들 눈에서 눈물은 사라지기 시작했다.

링고.

링고는 하얗고 곱슬곱슬한 털의 말티즈 강아지였다. 노아처럼 탄생 4주 만에 우리 집에 온 링고는 너무 작아서 노아의 십분의 일 크기 밖에 되지 않았다. 노아 같은 긴 다리 대신 짤막하고 오동통한 다리에 사람을 물지도 할퀴지도 않는 조용한 강아지였다. 그리고 짖지도 않았다. 한 달 반이 지난 후까지도 한 번도 짖지 않는 링고를 보며 이상한 느낌이 들었다. 혹시 벙어리 강아지인가?

따듯하고 작은 링고를 가슴에 안고 까만 눈동자를 들여다보았다.

"제발 짖지 좀 마. 노아야."

그렇게 밤마다 엄마가 울며 애원할 때에 영문을 모른 채 멀뚱멀뚱 바라보고만 있던 크고 새까맣게 반짝이던 노아의 눈동자가 생각났다.

혹시?

그러고 보니 링고는 방바닥에 굴러다니는 종이 한 장 찢지 않았고 잔디밭도 파지 않았다. 몇 시간 혼자 두고 가느라 안방에 가둬두고 가면서 놀라고 놓고 간 휴지조차도 찢지 않았다. 하루 종일 잔디밭에서 놀 때에도 개들의 본능을 잊어버린 듯이 땅 파기라는 것을 몰랐다.

혹시?

하나님께서 우리의 깊은 슬픔을 아시고 노아를 데리고 가셔서 훈련시키시고 링고의 모습으로 환생시켜 돌려보내주신 건 아닐까?

노아야. 이제 다신 집 밖으로 안 내보낼게. 밤마다 엄마가 걸어준 치마 냄새를 맡으며 잠들었던 너. 이젠 그 냄새에 푹 배도록 꼭 껴안고 자 줄게. 노아야 이제 네 목소리가 작아져서 맘껏 짖어도 동네에 소리 안 들려. 마음대로 짖어봐. 네 작은 침대 맘껏 물어뜯어도 다시 사줄게. 그까짓 작은 침대 값도 얼마 안 해.

그렇게 속삭여주지만 노아는 절대로 안하기로 결심했나 보다. 아무 말썽 안 부리는 하얗고 작은 링고는 엄마 품 속에 쌕쌕 고요히 잠들어 있다.

쓰레기를 날리다

한동안 여행을 못가서 좀이 쑤시던 남편의 궁여지책, 그 엄청 크다는 쓰레기 집하장으로라도 관광을 가서 쓰레기를 스트레스와 함께 맘껏 날려보자는 심사. 맞장구의 여왕, 예스 우먼인 나도 집에만 처박혀있으므로 축적되어가던 짜증을 분출할 찬스라고 느껴져 굿 아이디어라며 또 맞장구를 쳤다.

이왕 버릴 거면 이참에 깨끗이 정리를 해보자 싶어 마당 구석에 지어져 있는 창고로 들어가 보니, 어머나! 너른 창고에 재워둔 가구며 잡동사니들이 이렇게나 많았어?

좀 더 큰 집으로 이사 오며 혹시나 하고 가져왔다가 역시나 쓰지 못하게 된 것들이 먼지를 덮어쓰고 창고에서 지들끼리 살고 있었던 것인데 한 살림 더 차리고도 남을 분량이다. 자그마치 9년이나 그 쓸모없어진 잡살뱅이들이 큰 창고 안을 가득히 지키고 있었는데 여태 아무도 버릴 생각을 하지 않았다니. 빨리 빨리 한국 근성은 없어지고 만만디로 여유 있는 호주인 성격이 되었기 때문일까?

아니면 이렇게 많은 것들이 들어가 있고도 집 안에서는 전혀 눈에 뜨이지 않아 깔끔히 살 수 있는 큰 창고 덕분이었을까?

호주 집들은 마당 한 구석에 가뭄을 대비한 커다란 빗물탱크와 함께 넓은 마당의 수목과 잔디를 관리하기 위한 헛간을 하나씩 가지고 있다.

보통 이사를 가는 사람들은 쓰던 간단한 삽이나 빗자루 등을 남겨놓고 가는데 우리의 전 집은 자식과 살던 노부부가 건강이 좋지 못해 아파트로 이사를 가면서 쓰던 잔디깎이 기계며 각종 농약들이며 나무 자르는 커터 등 꽤 많은 연장들을 남겨두고 갔었다. 거기에 미처 처분하지 못하고 가져온 우리의 쓰던 물건들을 일단 넣어두고 나중에 정리하자며 재어두었다가 미루고 또 미루다보니 이렇게까지 된 상황이다.

깔끔한 남편이 어찌나 알뜰하게 차곡차곡 쌓아두었든지 꺼내면 꺼낼수록 물건이 많아진다. 우리끼리 옮기기에 힘이 부쳐 도와달라고 아들을 불렀다. 그랬더니 그 소중한 추억 담긴 것들을 그냥 놔두지 왜 버리느냐고 펄펄 뛰며 반대를 한다. 아들은 우리보다 훨씬 더 호주인화 되었나보다.

불현듯 어릴 때 보던 미국 영화나 드라마들이 떠올랐다. 몇십 년 째 같은 집에 살아서 먼지 쌓인 어릴 적 장난감이며 일기책들을 언제든 다락방에서 꺼내 볼 수 있었던 부러운 영화

속 주인공들.

우리 한국사람들은 이리 저리 다른 아파트로 옮겨 다니느라 그때마다 필요 없는 것들은 돈을 붙여 주고라도 몽땅 버리기가 일상화 되었는데.

아들 말을 듣고 보니 저희들과의 아름다웠던 추억을 쉽게 버리러 가는 인정머리 없는 부모 같은 자괴감이 몰려오며 이게 쓰레기인지 추억을 담은 소중한 보물인지 헷갈리기 시작했다. 물건 하나하나를 잡고 고민을 시작한 아내를 보자, 이러다 아이들 말이라면 남편 말보다 더 예스 우먼이 되는 아내가 오늘의 계획을 아예 취소할까봐 겁이 난 남편은 갑자기 더 빠릿빠릿 물건들을 옮겨서 차에 싣고 나갈 준비를 서두른다. 남편을 따르자니 아들이 울고 아들을 따르자니 남편이 골을 내고. 결국 아이들의 추억들은 도로 창고에 고이 모셔두기로 했다. 남편과 내 추억만 쓰레기가 되는 것 같은 떨떠름한 기분을 떨칠 수는 없었지만 그렇다고 차고까지 땀 흘리며 다 옮겨놓은 구닥다리 지저분한 살림살이들을 도로 가져가 쟁여두고 싶지도 않았다. 다시 정리하려면 또 며칠이 걸릴 것 같기도 하고 구석에 곰팡이 나기 시작한 추억을 또 어루만질 일도 다신 없을 것 같기도 했다.

아들은 아직 추억을 가슴에 품고 살아나가고 싶은 나이이고 우리는 하나씩 그들과의 이별을 연습해야할 나이일 뿐이다.

시티 카운슬에서는 정해진 날 매주 한 번씩 큰 쓰레기통 한 개를 비워주고, 격주로 한 번은 다른 큰 쓰레기통 한 개에 담긴 재활용품을 가져간다. 그뿐 아니라 그 외의 좀 더 부피 큰 쓰레기들을 버릴 수 있도록 일 년에 열 장씩이나 되는 쿠폰을 보내준다. 동네 근처에 있는 대규모 쓰레기 집하장에 가서 한 장당 100kg씩을 버릴 수 있는 쿠폰이다.

그런데도 그것들을 다 썩혀 버리고 그저 일주일에 한 번씩 치워가 주는 쓰레기통 두 개로 만족하며 우리는 행복하게 더 큰 쓰레기들과 함께 살아왔던 거다.

안내서에 나온 주소를 찾아가니, 입구에서 무얼 가져왔냐고 물어본다. 망가진 의자들과 소품들, 대형 박스들, 오래된 소파, 고장 난 선풍기며 오래된 라디오, 잔디깎이 기계 등등이라고 했더니 2번으로 가라고 하고 쿠폰과 토큰 한 개를 바꿔준다. 아마도 이런 살림 종류를 버리는 곳은 2번 집하장인가 보다.

2번 표시를 따라 가는 동안 보니 아직도 널널하기만 한 땅에 또 쓰레기 집하장을 짓고 있는지 길 가에 공사가 한창이다.

2번 쓰레기장이라는 곳에 도착하니 여기만도 너무 커서 어리둥절해졌다.

아이들은 절대로 차 안에서 내리지 말라는 경고판이 여기저기 도배되어 있었는데, 꼭 필요한 경고판이라는 생각이 들었다. 버려지는 쓰레기장 앞에 서니 꽤 큰 키인 남편과 아들도 땅꼬마처럼 보이는데 아이들이 따라 왔다간 잠깐 새에 괜히 쓰레기에 쓸려 지옥에 떨어지듯 구덩이 아래로 추락해버릴 수도 있겠다.

어머나. 이 큰 데가 텅텅 비어있으니 브리즈번 쓰레기 다 가져다 버려도 되겠는데 이런 쓰레기 집하장이 우리 동네 가까이에도 여럿 있어서 골라 가야한단 말이야? 참말이지 호주는 큰 나라인가 보다. 그러니 미국에서 핵 쓰레기도 가져다 버린다며? 진짜로 경치 좋은 관광지에 갔을 때보다 입이 더 크게 벌어졌다.

다른 남자들도 엄청나게 많은 쓰레기를 트럭에 싣고 와서 쿵쾅 쿵쾅 신나게 던지느라 여념이 없다. 어찌나 구덩이가 크고 깊은지 떨어지는 물건들은 불 번쩍 벼락이 치고 한참 후 멀리서 들리는 천둥소리처럼 퍼어엉 여운을 내며 떨어져서 부서지고 있었다,

나무로 만든 오래된 보석함은 그냥 도로 가져갈까? 내 손때가 묻은 것인데 혹시 누구에게라도 줄 수 있지 않을까? 차 안에서까지 갈팡질팡하던 고민이 이 자리 앞에 오니 깔끔히 사라진다. 죽음 앞에선 내 몸도 깨끗이 버리고 가는 것인데 그깟 손때 묻은 추억쯤이야. 이제 함께 살아왔던 것들에 대한 애착을 하나씩 버리기 시작해야 할 때가 온 것이다.

우리는 목적한 바대로 쓰레기들을 마구 밀어서 던졌다. 지난

십 수 년 종종거리며 살아왔던 시간들도 함께 떨어져 내렸다. 꽈당꽈당 떨어지고 깨지고 부서지는 소리와 장면들을 보며 과거를 버리는 서글픔이 차오르는 것 같은 느낌도 스쳤지만 쌓였던 스트레스가 날아가는 것이라고 단정짓기로 하였다.

뻥 뚫린 파란색 바다를 보러 가든지 피톤치드를 마시고 초록색을 즐기러 숲으로 가는 것만 스트레스를 푸는 방법은 아니었다. 각종 물건들을 밀어 떨어뜨려 깨지고 부서지는 장면을 들으며 보는 것은 종이를 찢어버리거나 그릇을 깨거나 하다못해 망치로 두더지 머리를 마구 내리치는 방법처럼 정신적 답답증을 날릴 수 있는 방법인 것만은 확실했다. 어떤 추억들은 깨끗이 버리면 더 시원한가보다.

쓰레기 때문에 쌓이는 스트레스는 절대 없는, 쓰레기로 스트레스를 풀 수 있는 나라. 호주.

4.

날아라 내 연들

11월. 달력을 새로 한 장 떼어낸다. 11이라는 글자에 충실하듯 호주의 날씨는 본격적으로 더워지며 찌는 여름으로 돌입했다. 아침부터 예사롭지 않은 열기를 느끼며 창을 열러 이층으로 올라갔다. 공원 쪽을 향한 마루의 창을 활짝 열어젖히니 부모를 따라온 아이들이 짙은 초록의 잔디 위를 신나게 뛰어다니고 있다. 살랑~ 아직은 시원한 느낌으로 불어 드는 아침 바람결에 중국말이 얼핏 실려 온다. 아마도 어느 중국가족이 이른 시간부터 연날리기를 하러 나왔나 보다.

오래전 나도 아이들을 데리고 한강변에 연을 날리러 간 적이 있었다. 그때는 내 아이들도 지금 집 앞 공원의 잔디 위를 달리고 있는 저 꼬마들만큼 어리고 연약해서 넘어져 다치기라도 할까봐 온 신경이 아이들에게만 집중되었었다. 그때의 한강변엔 너무 많은 사람들과 갖가지 놀이기구들이 뒤섞여 있어서 혹시나 정성스레 만든 소중한 연들을 잃어버리진 않을까 하는 걱정에만 온 정신이 팔려있었다. 하늘 높이 날아오르고 있는 그 연들이 마치 연줄 잡고 뛰어다니는 내 자식 같다는 것을 깨달을 여유는 없었다.

귀하고 소중한 연일수록 대범하게 줄을 한없이 풀어 주어야 한다는 이치를, 하늘로 높이높이 띄워 올려야 본연의 아름다움을 뽐낼 수 있다는 깊은 진리를, 그때는 미처 음미해볼 겨를도 없었다.

중학교 때 좀 뒤늦은 유학길에 오른 딸은 어려운 언어장벽을 뚫고 한국식으로 치열하게 공부했다. 그러나 남들이 부러워하는 학교를 나와 쉽게 취직하고 전문직으로 일하고 있는 것은 노력만으로 되는 것은 아니기에 그저 감사할 뿐이다. 아들에게 천재적인 바이올린 재능이 있다고 믿었던 남편은 세계적인 바이올리니스트로 키워보려고 동동거렸지만, 그 재주는 호주에서 장학금을 받는 것으로 만족해야 했다. 아빠의 꿈이던 바이올리니스트가 되어 전 세계를 날아다니는 대신 제가 하고 싶은 분야를 찾아 열심히 하고 있는 아들이 지금 내 곁에 있어줘서 더 감사하다.

연을 만들기 위해 종이를 자르고, 상상력을 동원하여 예쁜 그림도 그리고 연대의 댓살들을 다듬었다. 곱게 다듬어진 댓살들을 풀로 잘 붙이고 튼튼한 실로 준비한 방줄도 정확하고 꼼꼼하게 매주었다. 다른 연들보다 더 높이 띄우려는 일념으로 얼레에 실을 남들보다 두 배도 더 감았다. 그렇게 어렵사리 공들여 만든 연들처럼, 남편과 내 인생을 송두리째 쏟아 부어 길러낸 아이들. 마음에 늘 걸리는 부모님을 애써 잊어가며 먼 타국에서 길러낸 아이들. 너무나 소중하고 아까워서 그저 가슴 안에 꼬옥 부둥켜안고 있고만 싶었다.

공원 위의 아이들이 얼레를 들고 뛰고 있다. 그 옆에서 아이들 엄마는 연을 들고 함께 뛰어준다. 열기를 머금은 여름 바람에 빨강색 가오리연이 꼬리를 휘날리며 하늘로 둥실 떠올랐다. 그다지 바람이 부는 것 같지 않는데도 전력으로 달리고 있는 아이 위에서 햇빛에 반짝 빛나는 연이 살랑살랑 춤을 추며 잘도 날아오른다. 내 아이들도 갖가지 상을 타고 좋은 성적을 받으며 훈풍에 돛 단 듯, 부모에게 늘 기쁨을 주는 예쁜 연들이었다.

가끔은 아파서 떨어질 듯 위태롭기도 하고, 간혹 잘못 부는 바람 따라 뒤로 한 바퀴 휘어 돌기도 하고 바람의 횡포에 급강하하기도 했다. 엄마 마음대로 되지 않아 줄을 당겨 끌어내리고 싶은 적도 있었다. 그러면서 위태위태한 연만 바라보며 뛰고 있는 사이, 연들은 내 머리 위 손 닿을 데가 아닌 한 층 더 또 한 층 더 높은 하늘로 성큼성큼 날아올랐다.

먼 산 너머 더 멀리 구름들도 떼지어 날아간다. 평화로운 하늘나라 구경에 넋을 잃고 있자니 뛰던 아이가 넘어졌나 보다. 아이의 손에서 얼레가 떨어지자 순식간에 연도 같이 잔디 위에 나뒹굴었다. 한국에 계신 부모님이 투병하시다 돌아가시면서 우리는 아이들만 여기 두고 돌아가야 할지 고민에 빠졌었다.

망운지정에 괴로워하다 얼레를 여기 떨어뜨려 놓고 한국으로 돌아가 버렸다면 어땠을까? 혼자서기에 실패한 유학생들을 보며 가슴 아파질 때마다 위기를 잘 넘길 수 있었음에 감사드린다. 중국엄마는 아이를 일으켜 세우고 다시 연을 집어 들었다.

아이가 뛰기 시작했는데도 엄마는 못 믿어 내내 연을 들고 같이 뛰고 있다. 멀리 창가에 서 있는 나는 마음속으로 소리질렀다. 걱정을 비우고 연 잡은 손을 놓아요. 연을 땅바닥에 툭 떨어뜨릴 용기가 있어야 연이 스스로 날 수 있어요.

아직 높이 올라가지 못한 연과 혼연일체가 되어 함께 뛰어주는 것은 처음 얼마간일 뿐, 연이 날기 시작하면 엄마가 할 일은 손 안의 얼레만 쥔 듯 만 듯 잊어버린 채 높아져 가는 사랑을 바라만 보고 있는 것이다. 줄이 마음껏 풀어지며 내게서 더 멀어져야만 연들은 더 먼 세상을 꿈꾸며 더 높은 하늘로 비상할 수 있다. 저 하늘 너머로 너무너무 높이 날아 오른 연은 이제 더 이상 땅에 발 딛고 있는 엄마의 소유물이 아니다. 더 이상 엄마는 연줄을 잡고 뛸 필요도 없다. 하늘 바탕에 수놓아진 한 폭의 날아가는 연 그림을 남들과 함께 감상하고 있으면 된다. 모든 이들이 구경할 수 있는 하늘나라의 작품. 그 후엔 과감히 줄을 끊어내어 버릴 수 있어야 연은 드디어 혼자서 날아갈 수 있다.

큰 나무나 고층빌딩, 전깃줄이 없어서 걸릴 염려가 없는 곳, 다른 연줄들과 엉킬 일 없는 한적한 이 공원처럼 그다지 경쟁이 심하지 않고 안전하게 살 수 있는 이 광활한 나라 호주에 터를 잡고 연 날리기를 시작한 것은 얼마나 큰 행운일까? 그저 감사할 뿐이다. 이제 어엿한 직장인이 된 딸이 이 정든 도시를 떠나 더 큰 세상에서 세련된 도시녀로 변신하고 싶어 하고 아들도 더 이상 어린 아들로서가 아니라 멋진 남자로 독립해보고 싶어 하는 눈치다.

봄꽃같이 싱그런 향기를 내뿜으며 잔잔하고 평화로운 산들바람에 아름답게 날리고 있는 소중한 내 연들. 제발 돌풍이나 소나기가 이 아름답고 조용한 장면을 망치지 않기만을 기도한다.

내 품에 다시 돌아오지 않아도 좋으니 더 멀리 더 높이 날 수 있는 데까지 멋지게 날아가 버리렴. 그렇게 한없이 날아오르다가 그대로 하나님의 품 안까지 안전하게 날아가 버리렴. 줄이 모자라면 얼레까지 달고라도 훨훨 날아가 버리렴.

엄마는 끝도 없을 마음의 연줄을 자꾸자꾸 풀어내며 햇볕이 따사로운 여름 창가에서 미소 짓고 있다.

- 2016년 글벗문학상 수필 신인상 수상작

비경에 숨은 비극

막내가 대학을 졸업했다. 운전을 못해서 직장까지 매일 출퇴근을 시켜줘야 하던 딸도 운전을 시작하자 이제야 비로소 자녀양육 학교의 졸업장을 받은 기분이다. 아직도 큰아이의 도시락을 싸주는 일이 있긴 하지만 이제 여행도 좀 다니고 일 년에 한 번씩 시아버님의 생신에 맞춰 한 달만 머물던 한국에도 좀 자주 가고 오래 머물며 부모님께 효도하는 시간을 늘려보자. 이런 취지에서 큰 집을 팔고 아파트를 사서 이사를 가기로 했다.

호주의 아파트는 한국과 달라서 거의 모두 작은 사이즈다. 아무리 돌아다녀도 마땅한 아파트를 구할 수 없어 일단 조금만 살아 보고 나서 결정 해야겠다는 결론에 도달하고 사우스뱅크와 캥거루 포인트라는 관광지의 아름다운 경치를 함께 볼 수 있는 아파트에 세를 들었다. 전망 좋은 곳으로 가야겠다는 계획은 없었는데 여기 밖에 우리 네 식구가 살 수 있는 방 3개와 사무실, 3대의 차를 주차할 수 있는 규모의 아파트를 찾을 수가 없었기 때문이다. 아마도 호주에는 장성해서 자기 차를 타고 출퇴근해야 하는 아이들을 둘씩 한 집에서 데리고 함께 사는 부부들이 없는 것 같다. 그런 규모의 아파트가 없었다.

이사를 하는 날 이삿짐센터 사람들과 도와주러 온 아들의 친구들이 경치를 감상하느라 일손을 놓고 모두 넋이 나가 베란다에 매달려 있을 정도였다. 밤섬 같은 초록색의 보타닉 가든에 둘러싸인 시티의 멋진 건물들을 가운데 두고 브리즈번 강물이 양쪽으로 유유히 흐르고 왼쪽은 유명한 브리즈번 휠이 언제나 돌고 있는 세계적인 관광지 사우스뱅크의 화려한 네온사인이 펼쳐지며 오른쪽엔 오색 불빛이 화려한 캥거루포인트 절벽과 어우러진 스토리 브릿지의 아름다움이 시야를 유혹하는 절경이다.

그러나 경치는 경치일 뿐, 아무리 황홀한 경관이라도 매일 하루 종일 보다보면 지루한 벽지처럼 무감해지고 관광지인 사우스뱅크에서 온종일 들리는 소음과 밤새 브리즈번 강변을 갖가지 색깔로 깔맞춤해 밝히고 있는 화려한 조명들로 숙면을 취하기가 어려웠다.

어느 날 조용히 앉아 성경을 쓰고 있었는데 의자가 미세하게 흔들리는 것을 느끼게 되었다. 이 느낌이 감지되기 시작하자 침대에 누워서도 흔들림이 느껴지고 점점 더해져 잠을 이루기가 어려워졌다. 그러던 어느 날, 아파트의 긴 통 유리창을 둘러친 화려한 산수화 병풍 같은 경치가 억수로 쏟아져 내리는 비로 하얗게 가려지던 날. 아파트 꼭대기 층인 집 마루에서 물이 솟아나기 시작했다. 마침 놀러온 아들 친구들과 함께 열심히 물을 퍼냈다. 다음날 관리실 직원이 와서 간단한 수리를 하고 갔는데 다음 주에 또 비가 오자 다시 물이 솟구쳤다. 강변 언덕의 최고층 팬트하우스에 물난리가 나다니 어이가 없었다. 관리인에게 하소연을 해봐야 별 뾰족한 대책도 없고 보상도 없고 비만 오면 물을 퍼야하는 건지 또 어떤 다른 일이 놀란 가슴을 더 놀래킬지 앞날의 예측이 어려웠다. 총천연색 보석처럼 반짝이는 야경이고 뭐고 아름다운 절경이고 뭐고 이 아파트라는 곳에 정이 뚝 떨어지고 말았다. 서둘러 집을 보러 다녀서 마침 좋은 집을 구하고 다시 이사를 했다. 넉 달 만이다.

마지막 날 옆집에 초콜릿 상자를 들고 인사를 갔다. 한 층에 두 집밖에 없었는데도 처음 이사 오는 날 가벼운 인사만을 나눈 사이다. 좀 후에 초대를 해야지 하며 미루다가 물난리가 나고 그러다가 경황없는 나날이 좀 흐른 후 결국은 다시 이사를 나가게 되었다고 인사를 간 것이다. 점잖게 보이는 할머니와 할아버지 두 분이 사시고 있었는데, 자초지종을 말하고 안녕히 계시라는 인사를 하자 잠깐 할 이야기가 있으니 들어오라고 하신다. 우리 집보다야 절경의 각도가 안 나오긴 하겠지만 놀랍게도 두 분은 그 아름다운 전망을 두껍고 어두운 커튼으로 다

가려놓고 살고 계셨던 것. 그러면서 들려주신 이야기에 기절초풍을 하다가 너무 슬퍼서 울고야 말았다.

그 노부부는 여기 5년 이상 살고 계신데, 처음부터 함께 살던 이웃, 그러니까 바로 우리 아파트에 살던 아주머니가 어느 날 투신자살을 했고 다음해 같은 날 그 딸도 투신자살을 했다는 것이다. 이유는 딸이 어머니의 반대에도 불구하고 결혼을 하자마자 아기를 낳았는데 그 아기가 장애아였고 그 일 때문인지 매일 싸우는 소리가 끊이지 않았다는 것이다. 그리고는 일 년 새에 모녀가 모두 자살로 생을 마쳤다고 한다. 아기는 어떻게 되었는지 모르겠다고 하셨다. 그리고는 아파트가 계속 비어 있거나 잠깐 사람이 살다가 못 살고 나가곤 했는데 우리 가족이 이사 와서 이런 얘길 해줘야하나 말아야 하나 늘 망설이고 있었다고 했다.

"잘 나가는 거야. 우리도 빨리 이곳에서 벗어나고 싶긴 한데, 자식들이 다 이 근처에 살고 있어서…."

말씀해주시는 할머니와 함께 눈물을 훔치면서 보지도 못했던 모녀의 인생이 서러워서 가슴이 미어졌다. 나처럼 그 엄마도 정성 다해 딸을 길렀을 텐데 그 딸이 반대하는 결혼을 하고 또 장애아를 낳고 결국은 그 갈등을 서로 삭이지 못해 둘 다 투신자살.

자살은 살해의 욕구, 살해당하려는 욕구, 살려는 욕구 세 가지

요소로 구성된다는데 모녀의 갈등을 어렴풋이 이해할 수 있을 것 같다. 삶이 얼마나 길고 큰 고통이었기에 가장 사랑했을 서로를 죽임으로써 죽음이라는 한 순간의 절대적인 고통을 선택해야만 살 수 있다고 생각했을까? 이렇게 아름다운 삶의 보금자리를 단호히 버리면서까지.

노부부집을 나오면서 슬픔과 감사함으로 마음을 다스리기가 힘들었다.

하나님께서 어서 이곳을 벗어나라고 의자를 흔들어 주시고 침대도 흔들어 주시고 그래도 모르니 답답해서 물난리를 나게 해 주셨구나. 어쩐지 마음이 계속 불안했고 아름다운 경치는 너무 지나쳐 빨려들 것 같이 석연치 않은 슬픈 구석이 있었다.

저런 비경에 그런 비극이 숨어있었다니.

글루미 선데이(Gloomy Sunday)라는 영화처럼 아름다운 슬픈 음악이 자살충동을 일으킨다는 것은 알고 있었지만 아름다운 경치도 그럴 수 있을 거라는 생각은 미처 못 했었다.

호주의 아웃백

골드코스트 워너 빌리지 테마 파크(Theme Park)에는 아웃백 스펙타큘러가 있다. '아웃백'이라면 빵이 맛있는 스테이크 집으로 아는 사람들은 호주엔 그런 레스토랑이 없다고 생각하겠지만, 사실 여기 있는 아웃백에서도 저녁식사를 스테이크로 준다. 맛있는 샐러드도 주고 와인이나 레모네이드도 무진장 리필해주고 달콤한 디저트와 티도 준다.

게다가 호주 아웃백 역사를 컨트리 송과 함께 보여주는 쇼와 말들의 멋진 행진들. 사실 행진이라기보다 약간 과장하자면, 음악에 맞춰 춤을 춘다고 해도 과언이 아닌 프로페셔널 말들의 묘기 대행진도 보여준다.

80넘은 노령에도 불구하고 이 먼 호주까지 방문해주신 시부모님을 모시고 말 쇼를 보러갔다.

6시 반부터 시작한 프리 쇼에선 맥주를 사마시며 컨트리 송을 들을 수 있고 7시 반부터 시작하는 메인 쇼는 9시 반까지 이어졌다.

매일 저녁 공연이 한 번 있는데, 과연 이런 불경기에도 잘 될까? 의문이 들었지만, 예매를 하려고 하자 당일, 이튿날은 매진이라 삼일 후의 표를 겨우 구할 수 있었다. 성인 110불, 13세 이하 60불인 이 공연이 이렇게 성황일 줄이야. 한 번 공연에 천명이 들어가는 대 공연장. 그 큰 말 발굽형의 공연장이 단 한 자리도 비지 않고 꽉 찼다. 그런데 어쩜 그렇게 일사불란하게 진행되는지, 전혀 소란 없이 조용조용 풀코스의 저녁이 천 명의 관객들에게 배달되고, 모두들 앉은 자리에서 맛있는 식사를 즐기면서 멋지고 재미난 쇼를 구경할 수 있었다. 놀라운 것은 대형 관광버스가 세 대나 왔는데도 동양인들은 거의 없었다는 것이다. 또 재미있는 것은 입장할 때부터, 직원들이나 공연자나 관객이나 모두가 한 사람도 빠짐없이 카우보이모자를 쓰게 해서인지, 공연자들과 한 마음 한 뜻으로 호주의 아웃백에서 저녁을 보내는 느낌을 받을 수 있었다. 관객은 오백 명씩 두 편으로 갈라지는데, 모자를 받을 때 노란색 띠 모자를 받은 우리는 노란 팀이 되었다. 돼지 몰이, 말들과 오토바이 경주, 구루마 끌기 등 여러 게임들에서 빨강 팀을 누르고 우리 팀이 이겨서 더욱 신났다. 마지막 게임은 모자 빨리 돌리기였는데 여기서 시부모님까지도 모두 열심히 참여하셔서 빨강 팀을 이겼다.

음식도 굉장히 맛있었고, 호주를 찾은 외국인에게라면 강추할 만한 공연이었다. 전 세계에서 오직 호주 골드코스트에서만 볼 수 있는.

1908년에 태어나 2003년에 95세로 작고했다는 R. M. Williams는 80여 년 전, 호주의 아웃백에서 필요한 마구나 의상 모자들을 생산하는 회사를 설립했는데, 그는 회사의 성장에 만족하지 않고 호주 아웃백의 일상을 많은 도시인들에게 보여주고 싶은 꿈을 가지고 있었다고 한다. 그래서 탄생한 것이 이 공연, 아웃백 스팩타큘러(Australian Outback Spectacular). 진정한 아웃백의 라이프를 도시 안에 있는 테마 공원에 고스란히 옮겨온 것이다.

멋진 사람의 큰 꿈은 평범한 많은 사람들에게 감동과 즐거움을 선사한다. 도시 여자에겐 절대 어울릴 것 같지 않던 카우보이모자가 너무나 사랑스럽던 밤이었다.

눈 치

지난번 집은 바로 옆에 빈 땅, 앞은 공원, 다른 옆은 그리스 사람 집이었는데 왠지 인상들이 좋지 않아서 실상은 이웃 없이 사는 삶이었다.

큰 공원에서 그네를 타거나 놀고 있는 사람들에게 우리 집이 너무 노출 되는 것 같아 늘 신경이 쓰였는데 아파트로 갔다가 허둥지둥 새로 이사 온 집은 길 건너에 다른 집들이 줄지어 있다. 우리를 늘 볼 수 있는 사람이 없어서 좋구나. 했는데 웬걸. 이층 방에서 창을 통해 앞집들의 차고나 수영장이 다 눈에 들어오는 걸 보니 우리 식구의 동선도 저 집 사람들의 눈에 다 뜨이겠네 싶다.

이사 오자마자 앞의 옆집 호주 아줌마가 자기네 집에서 딴 호박이며 빨강 고추 등을 한 바구니 가져다주며 친하게 지내자고 했다. 너무 고마워 벼르고 벼르다 우리 집에 열린 방울토마토를 한 바구니 따서 호주 아줌마에게 빚을 갚으려고 그 집 초인종을 눌렀는데 아무도 없었는지 한참을 기다려도 기척이 없었다. 돌아 나오는데 옆집 2층 방 창문에서 내려다보고 있는 이태리 아줌마의 눈과 마주쳐 버렸다. 그 바구니를 그 집에 주면 고마워할까? 남 주려다 없으니까 하는 수 없이 주는 거라고 생각해 기분 나빠 할까? 두뇌가 빠른 회전을 하느라 어정쩡하게 발길이 집으로 향하는 중에 마침 차고로 차를 몰고 들어가는 앞집 베트남 아저씨의 눈과 또 마주치고 말았다. 손만 흔들었지만 저 사람은 나의 행동을 얼마 전부터 보고 있었을지 또 머리 회전이 복잡했다.

며칠 후 아침 앞집 베트남 젊은 엄마가 자기네 가게에서 파는 라이치라며 한 박스를 가져다주었는데 얼마나 크고 싱싱하고 달던지 다음에도 그 집에 부탁해 사먹어야겠다 싶었다. 저녁에 부탁도 할 겸 그 집 아이들이 좋아할 것 같아 한국과자를 몇 봉지 가져다주고 나오는데 그 옆집 호주 아줌마가 집 앞 망고나무와 꽃들에 물을 주고 있는 거였다. 에궁, 어제 온 친구에게 방울토마토를 다 따주어서 오늘은 없는데… 지난번에 주러 갔다가 아무도 없어서 못주었다고 한참 변명을 늘어놓고 뒷꼭지가 간질간질하게 집으로 들어왔다. 눈치가 빠르면 절에 가도 젓갈을 얻어먹는다고 했는데 뭐든 계속 주면서 계속 욕먹는 이상한 기분이다.

얼마 후 옆집의 옆집 헝가리 아줌마가 자기 집에서 딴 라임과 레몬을 준다고 해서 받아 나오는데 또 옆집 이태리 아줌마에게 들켜서 괜히 미안해하며 머쓱하게 우리 집으로 돌아왔다. 바로 옆집에게 안 주고 건너 뛴 이웃인 나에게 준 거 알고 헝가리 집 미워하면 어쩌나? 이태리와 헝가리 간에 혹시 민족감정 있는 건 아니겠지? 별 쓸데없는 걱정이 꼬리를 문다.

세 닢 주고 집 사고 천 냥 주고 이웃 산다더니 이웃 사람들 많은 게 왜 이리 힘든 거냐?

그래도 공원의 잔디와 꽃나무들 속에서 그림처럼 사는 것보다 이게 사람 사는 맛이겠지?

크리스마스 장식

약 오백여 년 전 어느 추운 겨울 날, 독일의 종교개혁가 루터는 눈이 소복이 쌓인 전나무 숲 속을 걷고 있었다.

구름 사이를 뚫고 달빛이 밝아지자 전나무 위에 내렸던 눈꽃송이들이 아름다운 불꽃들처럼 반짝이기 시작했다.

저렇듯 환하게 어둠을 밝혀주는 게 기독교인의 사명이라. 그래서 아름다운 전나무를 집집마다 세우고 반짝반짝하게 장식을 시작한 것이 크리스마스트리의 유래라고 한다.

그래서 그런지, 11월 할로윈 데이의 귀신들이 치워지기 무섭게 시작되는 미국의 크리스마스 장식 열기는 엄동설한 몇 십 센티씩 내리는 폭설도 녹여버릴 듯 열렬했다. 새하얀 눈이 펑펑 내려주는 북반구는 달빛에 핀 얼음 눈꽃만으로도 이 계절이 한 폭의 그림이건만 집집마다 동네마다가 모두 예쁜 불빛 장식품이 되니 밤거리를 드라이브하며 작품 감상하는 재미는 꽤나 쏠쏠했었다.

여름이라 눈이 없는 브리즈번에선 깜빡이는 예쁜 전구들 밖에 크리스마스를 축하해 주는 방법이 없다. 그러나 산타 할아버지조차 수영복 입고 나타나야 하는 여기 사람들은 12월의 찜통 열기에 지쳐서인지 관공서나 레스토랑 등도 별로 화려한 크리스마스 장식 없이 시큰둥하게 늘어져 지낸다.

가끔 어느 집에 오색 전등들이 반짝이기도 하고 또 뜨문뜨문 어느 집 창 안에서 트리의 불빛들이 어렴풋이 새어 나오기도 하지만. 그나마 카운슬마다 매년 '크리스마스 장식 예쁘게 한 집' 대회를 열고 방송마다 뉴스마다 보여준다.

브리즈번 지역을 동, 서, 남, 북으로 나누어 1, 2, 3등과 장려상 등을 주는데, 이런 집들을 차례로 들르는 관광버스도 있다.

하지만 거의 한 달 전에 예약이 끝나버려 11월 달력을 12월 것으로 바꾸고 나서야 크리스마스가 생각나는 나같이 게으른 사람은 늘 예약이 다 찼다는 소식을 들으며 안타까워해야만 한다.

작년엔 한국에서 놀러 오신 어머니를 위해 11월부터 예약했다가 드디어 이 크리스마스 관광버스를 탈 수 있었다. 버스 타려고 줄 선 사람들이 빨강, 초록색 티셔츠를 차려 입고 머리엔 루돌프 사슴 뿔 깜빡이 헤어밴드를 하고 산타복장에 수염까지 단 아저씨도 있고 버스 안에는 캐럴이 즐겁게 울려 퍼져서 우리가 탄 버스는 루돌프 사슴들이 끌고 가는 산타클로스의 눈썰매가 되었다.

5개 정도의 크리스마스 장식 마을들을 돌아다닌 관광버스. 상을 탄 집은 한 집이지만 그 동네 많은 집들이 따라 하기로 반짝이고 있어서 열 몇 채 되는 집들이 모두 보석처럼 다양한 아름다움을 뽐내니 확실히 볼 만한 구경거리였다. 마지막으로 보여준 1등 집은 유럽 어느 나라의 성 못지않은 큰 규모에 건물과 정원을 전부 수준 있는 불빛으로 디자인하여 캐롤 음악에 맞춰 전체 적인 조명이 가지가지 색깔로 바뀌며 무슨 대단한 레이저 공연을 보는 것 같았다. 음악에 맞춰 물과 빛이 어우러지는 음악분수보다 몇 배나 더 놀라운 장관이다. 아무래도 그 집 주인은 음악과 조명 전문가로 이 행사에 어마어마한 투자를 한 사람임에 틀림없다. 마지막 대미를 장식한 그 집을 관광객들이 빙 둘러싸고 카메라로 촬영도 하고 박수치며 캐롤을 따라 부르며 크리스마스이브 날은 12시가 넘도록 황홀한 밤을 만끽할 수 있었다.

금년에도 추억을 더듬으며 관광버스를 따라 모든 집들을 다 찾아 가보고 싶었지만, 운전수 마음대로다. 크리스마스이브 날 밤, 남편을 졸라 동네에서 가장 가까운, 3등 한 집을 겨우 찾아갔다. 별로 내켜하지 않는 아이들까지 차에 태워 찾아갔는데,

"어머, 엄마 같은 사람들도 많네요?"

애들이 놀랄 만큼 많은 차들이 동네 어귀부터 가득 세워져

있고, 역시나 3등을 한 집 뿐만 아니라 이웃집들도 함께 아름다운 크리스마스카드가 되어 반짝거리고 있는 거였다.

구경하러 차에서 내리는 사람들은 탄성을 지르고 어떤 집에선지 캐럴도 흘러나오고 산타 복장을 한 주인들은 사탕과 초콜릿도 나눠 준다.

그냥 차 안에서만 보고 기다릴 테니 엄마 혼자 다녀오라던 가족들도 깜빡이는 오색찬란한 불빛에 도취되어 모두 차에서 내려 사진도 찍기 시작했다.

와! 집의 아우트라인 뿐 아니라 마당 안팎의 큰 나무들에까지 깜빡이는 색색 조명을 가득 매달은 아름다운 집들에 구경하는 사람들 모두 모두 하늘로 날아오르는 루돌프 마차를 탄 기분인 모양이다.

3등이라는 팻말이 붙은 집은 진짜 대단했다. 밖에서 보이는 곳만 장식한 게 아니라 앞마당, 뒷마당에도 차고 안에도, 창으로 들여다 본 방방마다 크리스마스 장식품들로 발 디딜 틈도 없이 가득 차 있었다. 장식품 공장이라고 착각이 들 정도. 집 주변 정원부터 집 한 채의 안팎이 모두 전등으로 꽉 차서 거대한 발광체로 반짝거렸다. 여기서부턴, 감동과 놀람으로 쩍 벌어졌던 입이 점점 다물어지며 굳어져갔다.

이건 집착 아닌가? 그러고 보니, 하얀 드레스를 입고서 바구니에 담은 사탕을 나눠주고 있는 주인아줌마도 어쩐지 예쁜 마녀처럼 보였다.

모든 방들이 이렇게 크리스마스 장식품들로 가득하다면, 주인 가족은 도대체 어디서 자는 걸까?

이 물가 비싼 호주에서 저만큼 장식품들과 깜빡이등들을 사 모으려면 얼마나 많은 돈을 투자 했을까?

저 높은 나무 위에까지 다 전등을 붙이려면 얼마나 오랜 시간 애썼을까? 그리고 주인 여자는 크리스마스 날만 기다리다가 이 기간이 지나고 나면 허무해서 어떻게 살까?

돌아온 우리 집은 아무 장식이 없었지만, 가족들이 서로에게 한 선물 포장을 뜯고 뻔한 선물들에도 감사하며 즐거운 밤을 보냈다. 장식에 집착하지 않은 덕에 이 밤이 지나도 허무할 일이 없고 치울 걱정도 없네.

성탄절은 예수님이 오신 의미를 되새기며 어두운 곳을 밝혀 주는 아름다운 마음으로 더 어려운 이웃을 찾아봐 주는 게 진정한 의미가 아닐지.

그래도 그렇게 열심히 꾸며준 그들이 없었다면 오늘 밤 같이 잠깐이지만 화사한 행복도 없었겠지. 오늘밤은 나도 철부지 어린 시절로 돌아가 산타 할아버지에게 선물 받는 꿈이나 꿔 볼까나?

민 폐

이웃인 헝가리 아줌마 아디나가 몇 번이나 전화를 해서 헝가리식 케이크 만드는 법을 가르쳐 주겠다고 했다. 다음날이 딸의 생일인데 딸 몰래 꽤나 오랫동안 만들어 보지 않았던 전통케이크를 만들기로 했다는 거다. 마침 아침에 먹다 남은 김밥이 있길래 한 접시 담아가지고 갔다.

한 켜 한 켜 무른 반죽을 부어야하는 케이크 만들기에 상당히 시간이 많이 걸리자 하는 수 없이 대강 점심을 먹기로 해서 집에 있던 아디나의 아들도 부엌으로 내려왔는데 엄마가 만들어준 샌드위치 대신 내 김밥을 먹어보더니 맛있다고 엄지를 치켜세웠다.

그냥 인사겠거니 했는데 내일 동생의 생일 파티에 자기 친구들도 오는데 김밥을 먹이고 싶으니 좀 싸주면 안되겠냐고 정중히 물어보는 거였다. 아디나도 좋은 아이디어라며 김밥을 좀 많이 싸달라고 부탁을 했다. 손님이 15명도 넘게 온단다. 그렇게 맛있다면 국위선양도 할 겸 오케이다.

오후 늦게서야 케이크가 다 구워졌다. 작은 것 하나를 받아 들고 집에 와서 내일 만들 김밥 재료를 또 사러 가고 번거롭긴 했지만 그래도 외국인들에게 선 보이는 한국 음식이라. 기쁜 마음이었다.

다음날 아침 정성들여 색감 살린 김밥을 스무 줄이나 말고 썰어서 제일 크고 좋은 접시에 예쁘게 담고 뒷마당 야자수 나무 아래 소복이 자라준 싱싱한 민트를 뜯어 초록색 화룡점정으로 장식도 멋스럽게 하여 가져다주었다. 호텔 케이터링 서비스처럼 시간에 딱 맞춰서. 그리고는 다른 일로 바쁘게 하루를 보냈는데.

저녁이 되어서 원래도 뼈만 앙상한 마른 몸매인 아디나가 피죽도 못 얻어먹은 듯 수척한 모습으로 김밥 접시에 가득 담긴 케이크를 들고 초인종을 눌렀다. 어리둥절해 물으니 파티에 온 애들이 김밥은 맛있다고 금방 불티나게 다 먹어버렸는데 자기가 전날 하루종일 정성스레 만든 케이크를 별로 먹지 않아 너무 많이 남았다는 것.

애들은 원래 그래. 하며 위로를 하였지만 차라리 내가 김밥을 가져가지 말 걸.

호주 공립병원에 대하여

P장로님은 날렵하고 작은 체구였지만 교회 전체를 화끈한 이미지로 꽉 채우는 큰 분이셨다.

오늘은 어떤 멘트로 우리 가족을 맞아주실지… 주일 아침이 되면 장로님의 화려한 칭찬이 교회로 가는 발걸음을 재촉했다.

그런데 하루는 이리저리 바쁘신 관계로 늘 붉으스르르 땀 맛사지로 반질반질 하시던 장로님 얼굴이 파리한 흰색이었다. 아무래도 감기인지 기운이 없으시다고 했다.

"다른 장로님도 갑자기 건강이 안 좋아 입원하셨는데 얼른 병원 검진 좀 받아보세요."

권유하고는 헤어졌는데 며칠 후 장로님이 진짜로 어느 병원에 입원하셨다는 연락을 받았다. 골수염인지 혹은 백혈병인지 검사를 받으신다고 했다. 이것저것 맛있는 것들을 양손에 가득 들고 득달같이 달려간 병원은 동네에서 제일 가까운 공립병원이었는데 건물의 규모가 워낙 커서 깜짝 놀랐다. 환자가 그새 더 작아지셨는지 양쪽 벽면에 가득 달린 전기 의료 장치들 사이에 놓인 침대가 킹사이즈 베드보다 더 커보여서 또 놀라왔다. 가운데에 오롯이 누워 계신 장로님을 보는 순간 우리가 병문안을 온 건지 왕의 침실에 알현을 온 건지 헷갈릴 정도로 환하고 근사한 병실.

여러 가지 검사들을 하고 있지만 기분도 좋아져서 곧 퇴원할 거니 걱정 말라셨다. 이런 기회에 호텔보다 더 좋은 곳에서 한적하게 쉬고 있으니 얼마나 감사하냐며 교회 행사 때문에 마음이 바쁘시다고 활기에 넘치시던 장로님. 이 1인실의 입원비며 모든 검사비가 다 공짜라고 자랑도 늘어지셨다.

얼마 전 호주를 방문하셨던 시아버님이 갑자기 열이 오르셔서 모시고 갔던 병원. 여러 명이 쓰는 응급 입원실에 하룻밤 잠시 머물며 해열제만 맞았는데도 영주권이 없는 외국인이었기에 입원비가 3500불이나 나왔었는데 시민권자에겐 이렇게 어마어마한 혜택을 주는 게 호주의 의료시스템? 정말 부러워 입이 다물어지지 않았다.

일 년 동안 입원하고 계시다가 얼마 전 퇴원하신 다른 분은 아직 하반신 마비로 계신데 병원에서 재활치료는 물론 최신 전동휠체어도 무료로 대여해 주고 휠체어가 다닐 수 있도록 집도 무료로 개조해 주었다고 한다. 이런 것을 보며 호주의 의료제도는 세상 좋은 것이구나! 문병이라기보다 호주라는 복지국가에 대한 체험여행을 하고 우리도 영주권자니까 이런 혜택들을 받을 수 있다니 언제든지 아파도 좋을 것 같은 안도감과 감동을 진하게 느끼며 나오는 기분이었다.

그런데 며칠 후, 64세 밖에 안 되신 그 장로님이 갑자기 돌아가셨다는 비보를 들었다.

아이비를 꽂기 위한 작업을 하다가 정맥대신 동맥을 자르는 의료사고가 있었지만 천만 다행으로 응급처치가 잘 되어 한시름 놓고 있었는데 그때문에 너무 많은 진통제와 스테로이드 주사를 맞다가 쇼크사를 하셨다는 것이다. 바로 전날 부인과 함께 저녁 식사도 잘 드신 분이 다음 날 새벽 운명하시는 바람에 아무도 임종을 보지 못했다니 너무나 황망한 일이었다.

호주에선 간호사들이 돌봐주기 때문에 가족들이 환자 곁에서 밤을 샐 필요가 없다. 이런 시스템들이 환자가족을 편하게 해주어 참 합리적이고 좋은 것 같았는데 멀쩡하던 분이 돌아가셨다는 연락을 받고 아무도 임종을 보지 못했다고 하자 믿는 도끼에 발등 찍힌 기분이다.

한국처럼 가족이 환자 곁에 붙어있으며 간호를 해야 하는 시스템이 좀 힘들긴 해도 더 좋은 것 같다.

그래야 임종도 지킬 수 있고 사인이 뭔지 혹시 의료 사고가 아닌지 감이라도 잡을 수 있지 않겠나?

무료라고 좋아했는데, 경험 많은 교민들 말을 들어보니 공짜인 공립병원은 의사나 간호사들의 실력 문제로 의료사고가 빈번하다는 것이다.

호주 의료시스템. 시설 좋은 무료 공립병원이 많아 좋은 줄 알았더니 이런 함정이 있을 줄이야….

결혼의 보석들

“여기는 각종 부조금 안내도 되니까 생활비가 안 들어서 더 좋은 것 같애.”

유학생 엄마들은 곧잘 이런 말을 했다. 부조금 안 나가던 그 좋던 시절도 끝나고 이젠 호주에서도 아는 사람이 많아져 결혼식마다 초대되는 더 좋은 시절이 왔다.

오늘도 교회에서 있은 결혼식에 식구 모두 함께 참석하고 돌아오는 길.

맛있게 먹고 온 피로연 음식에 흡족해 배 두드리며 차 안 가득한 남반구의 따듯한 봄볕을 즐기고 있는 남자들과 달리, 딸과 조카는 여자들이라 그런지 신부 드레스니 식장 분위기 같은 시시콜콜한 것들을 화제 삼아 저희들 끼리 재잘대느라 정신이 없다. 물론 이 엄마도 같은 여자라 그런지 지나치는 자카란다의 화사한 꽃들을 차창 너머로 올려다보면서도 마음만은 아직도 결혼식장에서 떠나지 못하고 있다.

'내 딸도 얼마 있으면 새하얀 드레스를 입고 아빠의 손에서 신랑의 손으로 넘겨지겠구나. 그 많은 음식들을 당신 손으로 다 장만하셔서 손님 접대를 정성스럽게 하신 신부 어머니는 정말 대단하시구나!'

"그런데 고모. 결혼식이라면 더 멋지고 화려해야 되는 거 아니에요?"

호주에 어학연수 온 지 얼마 안 되는 꼬마숙녀 조카는 오늘의 결혼식이 영 제 맘에 안 찬 모양이다.

"나도 더 멋진 결혼식을 하고 싶어요. 이왕 한 번 결혼인데 더 호화롭고 성대하게…."

언제든 곧 결혼식을 하겠다고 나설지도 모를 만큼 다 자란 내 딸조차 아직도 이렇게 철부지 소리를 하고 있다니….

그래서 하는 수 없이 집까지 가는 내내 엄마의 긴 강의가 차 안에서 계속되었다. 얘들아. 호화롭고 멋진 결혼식이 행복한 결혼생활을 약속하는 건 아니란다. 너희들 다이애나 황태자비를 알지? 그 결혼식은 얼마나 화려하고 굉장했는지 전 세계에 생중계까지 되었었단다. 처녀 적 엄마는 넋을 잃은 채 그 결혼식 방송을 황홀하게 보았었는데, 우리 같은 평범한 사람이야 감히 상상도 할 수 없는 동화 같이 아름다운 장면들이 계속 이어졌단다. 신부의 드레스와 보석들, 결혼식장이 된 성당 장식들이 눈이 휘둥그레질 정도였음은 두 말할 필요도 없겠지? 너네들 영화배우 ○○도 알지? 어느 유명 호텔에서 있었던 그 결혼식은 또 얼마나 화려했던지 일본에까지 방송된 정말 아름답고 멋진 결혼식이었지. 아시아 최고의 선남선녀가 미남미녀 스타들의 축하를 받으며 더할 나위 없이 호사스런 결혼식을 치르는데, 어느 누가 부럽지 않았겠니? 그런데 그 호화로운 결혼들이 어떻게 끝났는지는 다들 알고 있지? 엄마 친구 중에 제일 먼저 시집간 애가 있었단다. 공부도 아주 잘하고 글도 잘 쓰는 문학소녀였지. 둘이서 이 얘기 저 얘길 하노라면 시간 가는 줄 몰라 버스 종점까지 내리지도 못하고 앉아 있을 정도로 친하게 지냈던 중학교 동창인데 집이 가난해서 상업고등학교로 진학을 하고 대학도 가지 못했단다. 고등학교를 졸업하기 무섭게 회사에 취직을 하더니 어느 대학교 교수실에서 청소 알바도 했는데 그러다가 거기서 조교와 사랑에 빠져 스물 한 살, 꽃다운 나이에 결혼을 했단다. 그런데 양쪽 집안이 얼마나 가난했던지 허름한 예식장에서 있었던 결혼식은 정말이지 가슴이 찢어질 정도로 초라한 거였단다. 비디오 기사나 사진사도 없어서 친구 중 하나가 카메라로 사진을 찍어주었고, 따라온 아기들 울음소리에 주례사는 들리지도 않는 어수선한 분위기에다 화환 하나 없는 예식장은 썰렁 그 자체였고 하객들은 시골에서 올라온 친척들 몇 명 뿐이었어. 일생에서 여자를 가장 아름답게 만들어 주어야 할 신부드레스는 어디서 빌렸는지 얼마나 많은 사람들이 빌려 입었는지, 눈부셔야 할 하얀색은 누렇게 바랬고 치맛단에 달린 레이스는 중간 중간 떨어져 나갔고 가슴에 달려 있는 구슬은 몇 개가 빠져있어서 단 하루 만이라도 먼저 보았다면 내가 밤새 고쳐서 입혔을 것을… 하는 안타까움에 가슴이 미어졌었다. 게다가 긴장된 얼굴로 신부가 들고 있던 부케는 여느 꽃집에서나 흔히 파는 싸구려 꽃다발이었지. 그렇게나 초라한 결혼식의 주인공이 된 친구가 너무 속상해서, 같이 갔던 친구들, 신랑과 신부를 태운 택시가 예식장을 떠날 때 약속이나 한 듯 모두 눈물을 훔쳐야 했었단다. 그런데 그렇게 서글픈 결혼식을 한 그 친구, 지금 어떻게 사는지 아니? 남편은 어느 명문대학의 교수님이 되셨고 자식들은 다 엄친아로 키워서 이젠 넉넉하게 웃고 다니는 사모님이 되셨단 말이지. 제일 부러운 건 빨리 결혼해서 벌써 손주들도 있단 말이지. 그 보잘것없던 결혼식 안엔 아직 철없던 우리들이 결코 보지 못했던 귀한 보물들이 많이 숨겨져 있었던 모양이야.

그러니까 얘들아. 결혼의 성공도나 진정한 행복도는 눈에 보이는 결혼식의 호화로움과는 전혀 별개의 문제란다. 신랑 신부의 가슴 속에 타오르는 사랑의 온도, 그 사랑을 오래 오래 태울 수 있는 절제와 인내. 그 사랑이 수반하는 의무들을 성실히 수행해 나갈 수 있는 능력과 노력. 인생의 폭풍 속에서도 사랑의 불씨를 지킬 수 있는 지혜와 온유. 어쩌다 사랑의 온도가

식을지라도 끝까지 지켜내려는 의지와 끈기. 삶의 풍파에 거의 꺼져버린 사랑이라면 다시 불붙일 수 있는 정열. 어떠한 유혹의 바람에도 흔들리지 않고 지켜내려는 믿음과 지조. 바로 그런 것들이 예식장의 화환이나 신부의 화려한 장식과는 비교할 수 없는 결혼의 진정한 보물이란다. 너희들은 그런 귀한 보석들로 반짝이는 행복한 결혼식의 주인공들이 되도록 열심히 노력하고 기도하렴.

초 심

초심을 지켜가는 것. 이것이 꼭 간직해나가야 할 미덕 중 하나라고 믿었다. 그러나 내 딸의 경우엔 절대 아니다.

"치과의사가 되면 돈 없는 사람들에게 무료 치료도 해줄 수 있고 여러 가지 봉사 활동을 할 수 있으니 참 좋겠다."라고 한 엄마의 말을 너무 완벽히 실현하려는 딸 때문에 속이 타서 숯검정이 되었는데. 딱히 비유하자면 '자꾸 울면 바보 온달에게 시집보낸다.'라고 말하다가 평강공주가 진짜로 바보 온달과 결혼하는 바람에 어이상실하게 된 평원왕과 같은 심정이랄까?

대학을 졸업하자마자 운 좋게 취직된 병원은 동양 사람들이 별로 살지 않는 동네였다. 한국사람들이 많이 가지 않는 동네라 얼마나 다행인지 모른다. 부모의 지인이나 자기의 친구들, 같은 교회 교인들이 찾아가면 무조건 무료로 치료를 해주었기 때문이다. 백인 할아버지인 원장의 입장에서 보면 이런 초보의사를 직원으로 뽑은 것은 사실 불행한 일이었다.

무조건 싸게 진료비를 책정하여 보험으로 모두 처리하고 정 안되는 경우는 자기 돈으로 메꾼다. 이러다 보니 버는 돈은 쥐꼬리다. 그게 문제가 아니라 40대 60으로 나눠먹기를 하는 시스템에서 원장의 수익을 깎아먹는 셈이다.

"네 치과를 차린 후에나 그렇게 해라. 원장님에게 너무 손해를 끼치면 안 되지. 너처럼 하면 여기서 장사하는 사람들 모두 망하겠다. 친한 음식점 주인들, 우리가 갔다고 음식 공짜로 주는 거 봤니?" 별의 별 얘기로 설득을 해봤자, 어렸을 때 울면 바보온달에게 보낸다고 하지 않았느냐며 따지던 평강공주. 그게 바로 우리 딸. 아뿔싸. 후회해 봤자 방도가 없었다.

그러나 세월이 약이다. 몇 년이 흐르고 부모가 노심초사 하다가 아예 체념할 즈음 딸도 슬슬 달라지기 시작했다.

"공짜로 해주는 게 당연한 것인 줄 아나봐."

제가 환자들 버릇을 잘못 들여 놓고 이제 와서 기가 막힌지, 이렇게 힘들어 하는 순간이 나날이 늘어가고 있다.

우리 딸은 정말 엄마의 지나치는 말 한마디에 꽂혀서 이렇게 된 것일까?

모두에게 사랑받아야 된다는 강박관념이 작용한 것은 아닐까? 심리학자 재키 마슨에 따르면 인정이 부족한 환경에서 자란 아기가 상대를 가리지 않고 인정받기 위한 행동을 계속하게 된다든데 혹시 자라면서 엄마 아빠의 인정이 부족했었던 것일까? 그렇다면 어떻게 애프터서비스를 해야만 이 강박관념에서 벗어나 정상인처럼 당당하게 거절할 땐 거절도 하고 자기 이익을 찾아가며 생활할 수 있을지.

부모의 역할을 처음 해 보는 나로서는 정말 쉬운 일이 아니다. 그나마 초심이 조금씩이나마 흐려지는 것은 얼마나 다행인지.

"호주사람이라도 할머니, 할아버지나 마약 중독자, 가난한 사람들에게 공짜로 치료해 주며 그들이 눈물 흘리며 감사할 때 너무 보람을 느껴요."

치과 원장님에게 큰 손해를 끼치지 않는 한에서 딸의 이런 마음이 다치지 않고 세월이 흘러가서 결국은 마음대로 언제든지 가난한 환자들에게 공짜 치료를 해줄 수 있게 되기를 기도해본다.

제2의 인생

내가 장애인이 된 날을 잊지 못한다. 중학생이 된다는 꿈에 한껏 부풀어 교복을 맞추러 가던 바로 그날 아침.

그간 한 번도 느껴보지 못했던 생경한 느낌을 팬티 속에 느끼며 화장실로 갔고 소변 대신 떨어지는 피를 보며 내 얼굴은 새빨갛게 달아올랐다.

어머니로부터 이런 일이 언젠가는 닥칠 것이라는 예고를 들어왔지만 하필 이렇게 좋은 날, 중학생이라는 새 인생이 시작되는 날, 그렇게 고대하던 새 교복을 맞추는 날, 불현듯 갑작스럽고 거북스럽게 엄습해 올 줄은 몰랐다.

그래서 기억 속의 중학교 입학식 사진은 늘 빨간 액자 안에 갇혀있었다.

그 시절 처음으로 출시되던 비싼 코텍스를 늘 서랍장 가득 사다주시며 "엄마 젊을 때는 밤중에 몰래 나가 천 기저귀를 빠느라 얼마나 힘들었는지 아니? 두꺼운 천기저귀 때문에 바지도 입을 수 없고 천에 말라붙은 피는 걸을 때마다 사타구니를 칼로 비듯 아프게 했단다. 너는 축복받은 세대라 호강하는구나."

이런 위로를 해주셨기에 그 시대에 태어나지 않은 것만도 감사하며 여자의 숙명이거니 마음을 다독이곤 했다. 그러나 차츰 익숙해질 거라던 어른들의 경험담들은 시간이 흐를수록 나를 더욱 두렵게 만들었다.

그것은 한 달에 며칠씩 찾아와 적당히 불편하고 짜증나고 심리적으로 위축되게 만드는 정도의 생리 현상이 아니었다.

한 달이면 두 번씩 규칙적으로 찾아와서 일주일씩 꼬박 흘러내리며 한 시간이면 생리대 한 개씩을 갈아야만 하는 어마어마한 장애물. 밤중에도 침대를 적실까봐 맘 놓고 잠들 수 없었고. 50분 수업이 끝나면 친구들의 수다에 끼어 들 수 없이 어김없이 화장실로 달려가야 했으며 가방은 혹시나에 대비한 비상용 패드 몇 개나 되는 짐 보따리 하나를 더 들고 다녀야했고 체육시간엔 이런 저런 핑계를 둘러대고 텅 빈 교실을 지켜야 했다.

초등학교 졸업 때까지 활달하게 학교를 주름잡고 반장을 도맡아하며 활동적이던 나의 모습은 점점 변해가기 시작했다. 자리에 가만히 앉아서 친구들과 놀지 않는 아이. 체육시간이면 여기저기가 아파서 운동장에 나가지 못하는 아이. 한 달이면 두 주일은 잠을 못자 정신이 몽롱한 아이. 빼빼 말라서 바람에 날아갈 듯 창백한 아이.

장애인이 된 내 인생은 외로웠고 조용했고 적막했다. 움직일 때마다 물컹하며 쏟아지는 출혈감은 나의 모든 잠재력과 희망사항들을 조용히 의자바닥에 고정시켰고 그렇게 내 삶은 점차 액자 속의 정물화가 되어갔다. 나는 다리가 없는 사람처럼 앉아서 책을 읽거나 피아노를 치고 노래를 부르고 그림을 그렸다. 친구와 뛰놀지 못했고 고등학교의 소풍도 대학교의 MT도 그때와 마주쳐 사양했고 결석이 잦다보니 이런 저런 모임에서도 결국은 열외 되었다. 누구와 만나자는 약속도 못 지키며 나와만 노는 외톨이. 결국 나의 내면과만 마주하며 고독을 즐기는 아이로 자랐다..

하지만 송명희 시인의 고백처럼 내겐 남에게 있는 건강 있지 않으나 남이 없는 것 있었으니, 다운증후군 아이에게 순박한 미소가 있고 자폐증 아이에게 예쁜 이목구비가 있듯이 너무 많은 여성호르몬이 분출되는 내겐 청초한 여성스러움이 있었다.

어느 날부터인가 쓸쓸해 보이는 연약한 처녀에 끌린 한 청년이 지치지도 않고 끊임없이 따라다니기 시작했다.

마법의 성에 갇혀 나가지 못하는 줄도 모르고 새침하게 안 만나주는 데다 보호 본능까지 자극하는 여자의 매력에 빠져버린 순진한 남자. 그래서 나의 장애는 감사하게도 착한 남편을 만나 결혼도 하게 해주었다. 집 안에 틀어박혀 안간힘을 쓰며 현모양처로 열심히 살림을 했다. 아이가 잘 생기지 않아 큰아이를 3년 만에 낳고 또 6년이나 지나 작은아이를 낳느라 마음고생도 심했고 집안 대소사로 손님 접대나 행사가 있을 때마다 허리가 끊어지는 통증을 참아내느라 힘들었지만 그 어려웠던 시절을 겨우 잘 넘겼다.

골프장이 너무 싸서 골프를 많이 쳐야만 돈을 더 많이 번다는 호주에 와서 살면서도 돈 한 푼 벌지 못했다.

요즘은 젊어서부터 폐경이 되는 여자들이 많다던데. 이식환자들이 장기 기증자를 기다리듯 나는 그 순간을 기다리고 또 기다렸다. 폐경이 되면 골다공증도 생기고 급격히 늙어서 걱정이라지만 그래도 상관없었다. 그렇게 고대하던 순간은 참 오래, 40여 년이 지나고 나서야 비로소 슬며시 찾아왔다.

그 지긋지긋한 장애에서 드디어 벗어나는 순간. 하지만 자유를 찾기 위해 소중한 젊음과 헤어지는 순간이었다.

시각장애인이 눈을 뜬다면? 청각 장애인이 소리를 들을 수 있게 된다면? 마치 그런 기적 같은 새로운 삶이 드디어 내 인생에 펼쳐지게 된 것이다.

너무 늦어버린 걸까? 골프를 배우기에도 함께 다녀야 할 또래들에게 민폐만 될 뿐이다.

하지만 의족을 달게 된 불구자가 지금까지처럼 휠체어에 앉아만 있을 수는 없는 일. 헬스클럽에 등록했다. 이제는 한 달에 반을 결석하지 않고 꾸준히 매일 다닐 수 있다! 연예인들만 하는 줄 알았던 필라테스와 요가와 댄스 클래스도 참여했다. 운동화를 신고 트레드 밀 위를 신나게 걷고 또 뛰었다.

클래스가 끝나고 텅 빈 마루방의 발레 바 위에 턱 하니 발을 올려놓고 거울을 본다. 눈꼬리가 처지고 팔자주름도 새겨진 얼굴의 오동통한 아줌마가 서있다.

쿵 쿵. 옆방에서 거구 청년들이 역기를 내려놓는 진동에 동공이 흔들린다.

호주에 온 후 알게 된 엘리슨 래퍼나 닉 부이치치는 둘 다 팔다리가 없는 장애인들이었음에도 수많은 고난과 역경을 이겨내고 멀쩡한 세상 사람들을 향해 더 멋지게 살라고 강연을 하고 다닌다. 팔다리가 없어서 불행한 게 아니라 마음의 상처를 안고 사는 사람이 더 불행하다며. 그렇게 힘든 신체적 장애를 가지고도 소명을 가지고 세상을 위해 살아가는 그들을 보며 나 자신이 부끄러워진다.

나처럼 살아온 장애인 인생이 너무 아깝지 않은가? 팔다리 온전한 육신을 가지고 한 달의 절반은 마법의 성에서 풀려나올 수도 있었을 텐데 인생 전체를 다 그 성에 가두어버렸던 마음의 장애에 후회가 밀려온다. 이렇게 소극적인 인생을 살아온 것은 장애 때문에 아니라 그렇게 반응하기로 한 마음 때문이니까. 아이들을 낳은 후에 자궁을 들어내는 수술이라도 했으면 좋지 않았을까? 살아 움직일 수 있는 짜투리 시간들이라도 좀 더 활동적으로 살 수는 없었을까?

팽팽한 얼굴과 날씬한 아가씨의 몸매로 이 거울 앞에서 날아다녔다면 내 인생은 얼마나 더 행복하고 화려하고 풍성했을까?

눈물이 흘렀다. 하지만 후회와 원망이 아니라 기쁨의 눈물이었다.

쉽지 않은 인생이었지만 예수님이 사도 바울에게 하신 "은혜가 네게 족하다."라는 말씀을 곱씹으며 참고 이겨낸 장한 지난날에 대한 감사. 비효율적이고 비활동적인 엄마와 아내를 참아주고 이해해준 가족들에 대한 감사. 뒤늦게라도 이 장애를 훌훌 벗어버릴 수 있게 됨에 감사. 이 순간이 올 때까지 건강하고 안전하게 살아남을 수 있었음에 감사.

그리고 장애에서 벗어나고 난 후에도 얼마인지 모를 제2의 인생이 아직도 남아 있음에 감사. 지금 이 나이에도 이런 자리에서 젊은이들과 함께 뛸 수 있음에 얼마나 감사한지.

나이는 숫자에 불과하다잖아? 이제부터라도 액자 속에서 탈출하자. 장애인의 휠체어 같았던 집으로부터 벗어나서 넓은 세상을 맘껏 살면 되는 거야.

나만의 시계바늘아, 이제 다시 시작이다. 분초를 아끼며 차근차근 찬찬히 돌아가 다오.

인 정

스물 넷 되는 아들이 집을 지어서 분가를 한다. 건축학과를 졸업했다고 나름 기본 설계를 거의 뜯어 고치고 감독하여 골드 코스트의 새 동네 골프장 옆에 현대식 스타일 2층 집을 짓고 살림을 따로 차린다. 처음 새 집 마련을 하는 사람에게 주는 정부 보조금 2만 불을 받고 아빠에게 자금을 빌리는 조건으로 하여 나가는 살림이라 꼭 우리가 별장을 하나 더 마련하는 것 같은 들뜬 기분으로 집 짓는 일 년을 바라보았는데 막상 가구를 사고 살림살이를 준비하고 마무리 작업을 하는 녀석을 보니 결혼이라도 해서 신접살림 차리고 있는 마음인가 보다.

시어머니 오지 말라고 어려운 영어 이름의 아파트로 골라서 이사 간다는 요즘 새댁들 생각이 불현듯 떠올랐다.

남편은 바로 옆에 있는 골프코스에 갈 때마다 친구들을 몰고 아들 집에 가서 간식도 얻어먹고 좀 쉬다 올 희망에 부풀어 있는데, 혹시 어느 날 자기 집에 왜 자꾸 오냐는 퉁명스런 표정의 아들 얼굴을 보는 건 아니겠지?

오늘. 기억에 이 날을 꼭 새겨 두고 싶다.

집짓기를 완성하여 건설사로부터 열쇠를 건네받은 아들이 이사를 앞두고 가구를 보러 다니며 엄마에게 함께 가주기를 권해서 따라 나섰다. 이 침대 저 소파 등 사진을 찍고 가격을 둘러보곤 집에 돌아왔다. 저녁 잠자리에 '카톡' 소리가 나 핸드폰을 열어보니, 하늘색 벽지에 나무색 가죽소파가 놓여있는 사진 한 장을 보낸 아들. 밑에 쓴 한 줄의 멘트가 울컥 마음을 적셨다.

"이렇게 응접실을 꾸밀 거예요. 벽에는 멋진 엄마의 그림을 붙이고요."

취미로 한지그림을 시작했던 게 아들이 서너 살 때였다. 그러고 보니 말이 늦었던 아들이 사람들이 놀러 올 때마다 손을 끌고 가 응접실 벽에 붙은 나의 그림 액자들을 가리키며 "엄마, 엄마."라고 하던 기억이 떠오른다. 그때 그 여리여리하고 하얗던 아들의 귀여운 얼굴이 말하려던 마음은 "엄마 그림 예뻐요."였구나. 맞아, 그때 그 어린 눈에도 엄마가 만든 한지 그림이 좋았었나보구나. 난 단지 그냥 "이걸 엄마가 만들었어요."라고 말하는 줄 알았었는데.

비싼 그림 안사고 이런 저런 그림을 만들어 벽에 붙여놓아도 별 말 없던 남편에게 갑자기 섭섭해졌다.

진작 이런 인정을 받았으면 난 얼마나 대단한 한지 화가가 되었을까? 아마 작품전시회를 열 번도 더 했을지 몰라.

칭찬은 고래도 춤추게 한다는데 이번엔 진짜로 걸작을 만들어서 너의 집을 몇 배로 돋보이게 해줄게. 엔돌핀이 달아준 마음의 날개로 벌써 아들 집을 구석구석 날아다니고 있다. 응접실뿐이랴? 다른 방들마다 어울리는 그림들을 다 만들어서 아예 갤러리로 만들어줄게.

영주권 사연

“영주권의 가치가 3억이나 된다고요?” 십오 년 전 아이들은 유학생, 엄마는 가디언 비자로 살고 있을 즈음, 이런 얘기를 들으며 말하는 사람이 허풍이 좀 세거나 영주권자라고 어지간히 자랑을 한다 싶었다. 그때는 영주권을 따야겠다는 생각이 없어서였는지 아무리 3억씩이나? 하면서 귓등으로 흘렸다. 그러는 와중에 한국에서부터 이민수속을 밟으며 아이들을 데리고 와서 살던 가족을 만났는데 이삿짐으로 피아노와 골동품 장식장까지 배로 부쳐오고 집까지 현금으로 샀지만, 이민 수속 사기를 당하여 결국은 그 짐들을 다시 배로 부치고 한국으로 돌아가는 것을 보았다. 아이들도 공부를 잘하고 엄마도 참 야무진 사람이었는데 돈을 2억 넘게 쓰며 사기를 당하였다며 돌아갈 땐 망연자실하였다. 얼마 후엔 이민법이 바뀌면서 영주권 받을 수 있는 직업군이 대폭 줄어서 요리나 미용을 배우며 영주권 받을 희망에 부풀어 있던 사람들이 울면서 한국으로 돌아갔다. 그동안 학비나 수속비로 호주에 뿌린 돈도 만만치 않았을 텐데 말이다. 그뿐 아니라 여기 와서 학생비자로 살면서 함께 살고 있는 교민을 믿고 수속을 맡겼다가 사기를 당한 사람들도 보았다.

영주권 얻기가 그렇게 힘든 것이구나. 그래서 교회에선 항상 기도제목 하면 첫째가 "암환자 아무개를 위해 기도해 주세요." 둘째가 "아무개 가정의 영주권을 위해 기도해 주세요."였다는 것을 깨달아가게 되었다. 살면서 점점 '외국 살이'라는 것이 '영주권에 울고 웃는 삶'이라는 것도 알게 되었다.

호주의 사립학교에 유학생으로 온 아이들이 3년 단위로 계속 장학금을 받고 너무나 호주 생활을 좋아했기 때문에 호주 체류 4년째에 들어서면서 슬슬 영주권에 대해 관심을 가지기 시작했다. 그런데다가 큰아이가 대학 졸업 후 취업을 하려면 영주권이라는 벽을 넘어야 한다는 엄한 사실이 눈앞에 점점 다가오고 있었다.

사업비자로 호주에서 직접 사업을 하려면 영주권을 위해 울며 겨자 먹기 식으로 2~3년간 손해를 감수하며 영업을 이어가다가 영주권이 나오면 그 사업을 접고 다른 일자리를 찾는 것이 일반적이라고 했다. 그렇게 까먹는 돈과 시간과 건강이 또 만만치 않은 모양이었다. 호주에서 살고 싶다는 아이들의 장래를 위해서는 큰 결심을 하지 않을 수 없었다. 감사하게도 우여곡절 끝에 신청한지 4년 만에 가까스로 영주권을 받을 수 있었다. 호주에 온 지 8년 만이다.

좀 더 일찍 눈을 떠서 영주권을 받았더라면 아이들 학비를 훨씬 절약할 수 있고 병원비도 절약하고 더 젊은 영주권자로서 많은 기회를 누릴 수 있었을 텐데 참 많이 아쉽다. 큰아이의 경우 대학교 입학 당시 영주권이 없었기에 5년간 학비를 모두 어마어마한 유학생 학비로 내느라 허리가 휘었으니 말이다. 다행히 영주권을 받은 후 대학에 들어간 아들은 무료로 대학을 졸업하였다. 그때라도 부랴부랴 시작하지 않았더라면 딸은 대학 졸업 후 취업을 하지 못하여 고생할 뻔하였다. 딸과 함께 졸업한 남학생들의 경우는 영주권이 없어 취업을 못하고 1, 2년 여기저기 이력서만 내보다가 결국은 비자가 끊겨서 한국의 군대로 돌아갔다. 7, 8년이나 비싼 유학비를 내고 힘든 의대 공부를 하고도 영주권이 없어 한국에 돌아가는 유학생도 많다고 들었다.

영주권을 받으면 자녀의 학비와 의료비가 무료이고 사별 보조금, 간호인 보조금, 장애인 보조금, 자녀 양육 보조금, 자연재해 보조금, 구직 보조금, 주거 보조금 등이 지급되니 그야말로 노다지를 캐는 셈이다. 이래서 교민들은 영주권의 가치가 얼마인지에 그렇게나 자긍심을 가지는 거였구나. 살면서 점점 더 느끼고 있다.

지금은 그때에 비해 영주권 받기가 훨씬 더 어려워져서 그 당시 투자 금액의 3배 이상을 내야하기 때문에 아마 영주권 가치도 그만큼 더 높아졌을 것이다.

이게 현실이다 보니 영주권에 얽힌 웃픈 사연들은 이루 다 말할 수 없을 정도다.

호주 안에 사는 한국사람들의 작은 왕국에서 젊은이들은 좋은 배우자를 고르기가 쉽지 않다. 호주에 살고 싶은 한국의 청년들이 유학생이나 워킹홀리데이로 호주에 와서 잘 맞는 교민들을 만나 결혼하여 영주권을 얻고 새 가정을 꾸린다면 서로 좋은 일이 아닐 수 없다.

그러나 호주 영주권 따기가 하늘의 별따기가 되어가고 한국에서 살기가 점점 힘들어지면 이 작은 왕국엔 어떤 일이 벌어지게 될까?

얼마 전 우연히 알게 된 처자는 친척 집에 관광비자로 놀러 왔다는데 목적은 영주권 있는 남자를 만나서 결혼하여 호주에 사는 것이라고 처음 보는 나에게 당당히 말했다. 이런 아가씨는 어떤 남자든 영주권만 있다면 보자마자 한눈에 반할 만반의 준비가 되어있는 모양이다.

또 한 스토리는 어느 유복한 이민자 가정. 변호사로 잘 나가고 있는 아들이 워킹홀리데이로 온 아가씨와 사귀어 결혼을 하겠다니 집안이 발칵 뒤집어져 난리가 났었다. 아가씨는 영어도 못해 알고 보니 한국의 가정 형편도 어렵고 무얼 해야 할지 비전도 없이 떠돌던 처지였다. 변호사 청년과 결혼만 하면 영주권 받고 변호사 아내가 되어 편안히 놀면서 살 수 있는 팔자가 된다 생각하고 죽기 살기로 매달려 사랑에 목숨을 걸었지만, 그 집 부모 역시 너 죽고 우리 죽자는 오기로 아들과 싸우며 결혼을 반대하여 시간을 끌자 비자가 끝나버린 아가씨가 불법체류자로 전전하다 결국은 포기하고 한국으로 돌아갔다. 얼마 후 변호사 청년은 교사로 일하던 교민 아가씨와 결혼하여 잘 살고 있다.

젊은이들 얘기는 그나마 풋풋하기도 하고 진짜 사랑인지 사기인지 너도 나도 애매하여 잘만 포장이 된다면 아름다운 추억으로 남을 수라도 있을지 모른다.

최근 들은 진짜 짠한 사연들은 호주에 살고 싶어 한국에서부터 중매를 넣는 중년들 얘기인데, 돈 많은 돌싱 여자가 집도 사주고 모든 것을 다 해주는 조건으로 영주권 있는 중년 남자를 찾고 있는 경우도 보았고 반대로 모든 걸 다 갖춘 남자가 영주권 가진 여자와 결혼하여 살다가 영주권 취득 몇 년 후 이혼하는 것도 보았다. 실제로 얼마 전 한국에 갔을 때 이혼녀인 지인 하나가 진심으로 부탁을 해오는 거였다. 호주에 이민 가서 살고 싶은데 방법이 없으니 호주에 사는 영주권자 남자 하나만 소개해 달라는 것이다. 여자가 참해서 혹시라도 아는 홀

아비가 있다면 그렇게 소개 시켜줘서 행복하게 살았으면 좋을 것 같지만 문제는 그런 남자들은 영주권을 대가로 여자가 큰 재산 가지고 오는 것을 바란다는 점이다. 호주 영주권 가치가 얼마인데? 하면서. 나이든 사람들은 포장 없이 사랑 타령은 아예 접고 실리적으로 따진다.

'사랑엔 국경이 없다.'라는 옛말은 이제 진리가 되었지만 사랑의 저울추에 달리는 영주권은 아직 상당히 무겁다.

미국에 살던 시절, 미국 시민권을 따기 위해 위장 결혼을 하는 '그린카드'라는 미국 영화가 굉장히 유명했다. 내가 딸을 낳자 사람들이 "나중에 딸이 크면 미국 시민권 따려고 달려드는 놈들 많을 테니 조심하세요."라고 하더니 여기도 마찬가지구나. 호주가 살기 좋은 나라, 이민 가고 싶은 나라 순위에서 등수가 높아지면 높아질수록 점점 더 영주권을 따기 위해서, 사랑을 빙자하거나 돈으로 접근하며 서로를 속이거나 영주권을 따게 해주겠다는 명목으로 돈만 노리는 영주권 사기나 영주권 신청을 해주기로 하면서 노예계약으로 청년들을 울리고 같은 국민에게 상처 주는, 영주권을 둘러싼 별의별 사연들이 많아지겠지.

인구도 없어 개발이 안 되는 호주라는 나라는 왜 이민을 이렇게도 규제하며 사람을 받아들이지 않는지 답답하다. 대문을 활짝 열어주어 이 광활한 땅에 많은 사람들이 와서 행복을 찾으며 살 수 있으면 좋을 텐데….

복어의 애교

브리즈번 북쪽에 있는 레드클리프에는 좀 편한 낚시터가 있다. 바다 가운데로 길게 뻗어있는 제티 위를 한참 걸어 가다보면 중간에 예쁜 빨간색의 커다란 원두막 같은 육각형 지붕이 발걸음을 멈추게 한다. 한낮 낚시도 덥지 않고 햇볕에 그을리지 않고 앉아서 쉬어가며 할 수 있게 벤치도 마련되어 있는 곳. 아무리 더운 날도 이 지붕 아래에 발을 디디는 순간 냉장고에 들어가는 것처럼 시원하다. 한 가지 문제점은 낚싯대에 걸리는 게 태반은 복어라는 점.

어렸을 적 아버지가 낙원동 뒷골목 어딘가 있던 복어 전문점에서 사주셨던 맛있는 복어요리가 떠올라 아쉽긴 하지만, 맹독성 복어를 다룰 줄 모르는 우리는 바늘을 빼고 도로 바다에 휘리릭 던져주며 허전한 입맛만 다실 수밖에 없는데 요놈들 행동이 이만저만 재미난 게 아니다.

고요하던 낚싯대의 초릿대가 파르르 떨리며 손맛이 오길래 잡아 올렸는데 일단 가벼운 무게에 실망을 하며 바닥에 내리고 보니 크기가 손바닥만 한 하얗고 오톨도톨한 생선이지 뭔가? 그런데 어라? 이것이 누가 복어 아니랄까봐 복복 소리를 질러 대며 점점 커지더니 어느새 완전 동그란 야구공 모양이 되는 것이 아닌가? 죽지 않으려고 파다닥 대는 생선들은 많이 보았지만 위협을 하는 건지 애원을 하는 건지 이렇게 혼신을 다해 변신을 하는 놈은 처음 보았다. 하도 신기하여 가만히 보고 있자니 예쁜 동그란 두 눈으로 똘망똘망하게 나를 바라보며 안젤리나 졸리 같은 입술로 물을 푸우푸우 뿜어내는 거다. 참 신기한 놈이네. 그러고 보니 포켓몬스터에 나오는 침바루 딱 그놈일세. 한참 복어의 재롱을 보고 있었다. 그렇게도 살고 싶니? 내가 하나님이 된 기분이다. 죽이기도 하시고 살리기도 하시며 지옥에 내리게도 하시고 거기에서 올리기도 하시는 여호와가 된 기분. 이렇게 애원을 하니 먹지도 못할 것 빨리 살려줘야지. 바늘을 조심스레 빼서 바다에 휙 던져주었다. 다른 생선들은 흔적도 없이 날렵하게 헤엄쳐 사라져버리는데 요놈은 아직도 죽은 채 위장전술을 펴는 건지 바람이 안 빠지는 건지 고맙다고 애교를 떠는 건지 한참 동안이나 움직이지 않고 뒤집어진 동그란 공이 되어 둥실 둥실 바다에 떠다니고 있다.

햇살에 반짝이는 바다 물결 위의 동그란 공을 가만히 바라보고 있었다.

언제 어디서든 저렇게 혼신을 다해 최선을 다해 살아가야 하겠다. 하나님의 자녀답게 조심스레 살려고 노력해왔지만 더 열심히 살며 예쁜 자녀가 되어야지.

복어에게 속삭였다.

이렇게 중요한 비법을 가르쳐줘서 고마워. 이제 그만하면 되었다. 바람 빼고 뒤집어서 헤엄쳐 가렴. 다신 낚싯바늘에 걸리지 말고 오래오래 바다에서 살아남으렴.

국격의 차이

일주일에 두 번씩 있는 줌바 댄스 클래스에 좀 다니다 보니 뛰고 흔들며 땀 냄새로 친해진 호주 친구 미쉘. 자기 집에서 연말 파티를 하자고 했다. 그 많던 백인 아가씨들은 어찌 다 짜르고 고만고만한 아줌마들만 잘도 골라 모았다. 이런 아줌마들의 파티라야 고작 한 접시씩 음식을 가져와서 나눠 먹는 파트락 점심이다. 알고 보니 모두 5년 이상 된 친구들인데 신참내기인 나를 끼워준 게 너무 고마워서 아침부터 정성스레 만든 잡채 한 통을 들고 주소를 찾아갔다.

이런 게 바로 호주식이구나! 통계대로 호주사람들은 세계에서 제일 큰 집을 지니고 사는구나 싶을 정도로 어마어마하게 큰 정원과 어우러진 오래된 통나무 집. 하루에 세 시간 정도는 꼭 남편과 가드닝을 한다는 미쉘의 설명을 들으며 마당 구경만 한 시간 넘게 하느라 배꼽시계는 계속 쪼로록 알람을 울려댄다.

수영장, 연못, 대나무 숲과 쉼터로 마련된 작은 정자, 곳곳에 심심하면 등장하는 여러 가지 꽃덩굴 아치 등. 오밀조밀하면서도 품격 있게 꾸며진 부러운 공원이었다. 하지만 초대된 아홉 명의 아줌마들은 모두 입으로만 부러워할 뿐 고개를 절래절래 저으며 이 일을 다 어떻게 해? 하면서 걱정 어린 표정들이다.

한국 교민들도 이삼십 년 전 이민 초창기엔 천 평이 넘는 큰 집들을 선호하다가 점점 마당이 없는 작은 집으로 이사를 다니는 추세가 되었다고 한다. 요즘은 작은 땅에 집만 꽉 채워 지어서 마당이 거의 없는 집들이 새집들의 트렌드를 이루고 있다. 밖에 나가면 지천이 잔디와 수풀인데 자기 집 안에까지 잔디를 또 깔고 잔디 깎느라 고생할 필요가 무언지…를 작은 집 살던 이민자들이 깨우쳐주었기 때문인 게다.

드디어 식사시간이 되자 미쉘은 잡채를 보면서 자기가 제일 좋아하는 것이라며 2층 서재에 숨어있던 남편까지 불러 내렸다. 모두들 자기 나라의 독특한 요리들을 가져왔는데 역시나 잡채가 최고 인기였다. 호주사람, 홍콩사람, 인도사람, 이태리사람, 중국사람. 한국음식이 이렇게 다양한 나라 사람들의 입맛에 맞는 모양이구나. 싶었는데 대화는 계속 한국 음식과 드라마와 한국 화장품, 한국 옷 등으로 이어지며 한국인에 대한 인터뷰 시간이 된 듯하다. 신참내기 신고식인가? 아니면 한류가 진짜로 이렇게까지 인기인건가? 자녀들이 다 한국 아이돌들의 팬이라고 했다. 이 한국 아줌마도 모르는 아이돌 이름들을 다른 나라 아줌마들은 잘 알고 있다.

삼십 년 전 미국에선 한국이 어디인지도 모르는 사람이 태반이었는데. 그때는 한국 음식 냄새가 혹시나 이웃에게 폐라도 될까봐 노심초사 하며 김치나 된장찌개, 생선구이 같은 것은 숨어서 먹어야했고 모임에 나갔다가도 누군가 한국 제품을 샀다가 품질이 나빠서 버렸다는 소리를 들으면 쥐구멍을 못 찾아서 안절부절못했다. 격세지감이 느껴졌다. 국격은 참 중요하구나. 한국인이라는 이유만으로 이렇게 모임의 주인공이 되다니.

뿌 리

음식솜씨가 뛰어나지도 않은데 요리를 좋아하는 것도 먹는 것을 좋아하는 성격도 아닌데 굳이 사람들에게 음식을 먹이고 싶은 마음에 가지가지 반찬을 정신없이 만들거나 김밥을 엄청나게 많이 싸는 것을 보면 참 괴이한 일이다. 남편이 친구들과 낚시를 갈 때, 그저 햄버거를 사먹겠다는데도 굳이 김밥 도시락을 싸서 들려 보내는 걸 보면, 자정이 넘어 잡은 생선을 다루느라 같이 갔던 사람들과 함께 오겠다는 남편의 전화를 받으면 뭘 해 먹일까 상차림에 정신이 팔려 냉장고에 붙어서 허둥대는 걸 보면, 아무래도 내겐 외할머니의 피가 진하게 흐르고 있나보다.

외할머니는 늘 손님을 달고 사셨다. "노인 있는 집에 손님 끊일 날 없다." 어머니는 힘든 내색을 그렇게 표현하곤 하셨다. 딸네 집에 함께 살면서 항상 손님상을 차려서 밥을 먹여 보내는 것이 얼마나 어려운 일이었을지 이제는 가늠할 수 있는 나이가 되었다. 어머니는 그러셨다. 내가 더 어려서 기억이 잘 나지 않았을 때, 종로 4가 우리가 살던 동네 길거리에 거지들이 삼삼오오 몰려다녔을 때, 그때는 집에 찬밥 얻으러 온 거지조차도 꼭 불러 들여서 따듯한 밥을 먹여 보내셨다고.

아마도 보시(布施)는 독실한 보살이셨던 외할머니의 취미 생활이었나 보다.

지금 생각하면 어머니께도 할머니로부터 이어받은 먹이고 싶은 본능이 있었던 것 같다. 서울에 살고 있다는 이유만으로 부산과 경상도에 살던 친정과 시댁 조카들의 홈스테이를 자처 하셨으니 말이다. 서로 사돈되는 조카들이 많게는 일 년에 열 명씩도 우리 집에서 함께 살곤 하였는데 사촌 언니 오빠들의 친구들까지 놀러오면 우리 집은 말 그대로 규모 큰 하숙집 같았다. 일하는 아줌마가 늘 집에 상주하던 시절이니 가능한 일이긴 하다.

먹이는 걸 은근 좋아하는 내 습성은 이런 뿌리 깊은 DNA작용이 아닐지?

음식 봉사를 시작하게 된 것은 10년 전 개척교회를 섬기면서부터다. 부엌이 없는 개척교회에서 성도들에게 점심을 제공하기 위해 몇 사람이 의기투합하여 팔구십 명 정도의 도시락을 싸고 국을 끓여 낑낑 들어다 밥을 먹였다. 그러다가 큰 교회로 옮기고 난 후에도 브리즈번에서 북쪽으로 50분쯤 가는 카불쳐지교회에 반찬을 해가지고 가서 청년들에게 밥을 먹였다. 그 지역엔 워킹홀리데이로 온 한국 청년들이 딸기를 따러 모여들기 때문에 그들을 위해 예배와 저녁 식사를 제공하는 일은 정말 뜻있고 보람 있었다. 특히나 돈을 아끼기 위해 일주일이나 거의 밥을 못 먹고 딸기로 배를 채웠다는 청년들이 몇 그릇씩 밥을 먹을 때는 눈물까지 훔치며 어떻게 하면 더 맛있는 반찬을 만들어줄 수 있을지 연구를 할 정도로 신명 났다.

더운 호주에서 아직 햇볕 따가운 오후 4시에 에어컨 없는 교회 봉고차를 타고 50분을 달려가 선풍기 밖에 없는 시설에서 땀 뻘뻘 흘리며 아침 예배 때 들었던 똑같은 설교를 다시 듣고 젊은이들을 먹이기 위해 가져간 음식들로 상을 차리고 또 뒷설거지까지 마치고 돌아오면 밤 9시. 힘들다면 힘들고 감사하다면 감사한 그 시간들도 이젠 추억 속으로 사라지게 되었다. 다른 목사님이 그쪽에 교회를 세워서 음식봉사를 더 이상 하지 않아도 되니까.

이제 또 어디서 어떤 사람들을 먹일까?

그 DNA를 물려받은 건지 아들도 한 달에 두 번씩 교회 청년 몇 명과 함께 브리즈번 시티의 홈리스들에게 옷도 모아다 주고 식사를 배식해주는데, 지금까진 내 일이 바빠 한 번도 참여해 주지 못했지만 이젠 거기에 함께 따라가 봐야겠다.

필립 아일랜드의 펭귄들

너무 너무 추울 거라는 정보를 미리 얻어 털모자, 털목도리. 긴팔 잠바 등 중무장한 복장으로 단단히 준비를 하였다. 여름철 멜번은 한낮엔 35도로 더워 죽을 정도였는데 거긴 상당히 추웠다. 그러니 6, 7, 8월 겨울에 가는 사람들은 듣던 말 대로 얼어 죽을 정도겠다.

필립 아일랜드.

사실은 섬에 들어오면서부터 이 섬 전체를 바로 펭귄들이 먹여 살리고 있구나 하는 것을 직감적으로 알아챌 수 있었다.

섬 안에 있는 모든 가게나 식당 곳곳에 펭귄 사진이나 그림이 그려져 있고 펭귄들을 보러 오는 관광객들이 끊긴다면 금방이라도 유령도시가 될법한 그런 분위기다.

1920년 필립 아일랜드에 살던 사람에 의해 발견되어 관광자원으로 개발되었다고 하는 작은 펭귄들의 퍼레이드를 보려고 해는 져서 어둑어둑한데 두어 시간을 네 식구가 오돌돌 추위에 떨고 앉아 있다. 미리 안내 해준 대로 4천여 마리나 된다는 세상에서 제일 작은 펭귄(Fairy Penguin 또는 Little Penguin)들이 바다로부터 예정된 길을 따라 올라오기 시작하며 그 유명하다는 펭귄퍼레이드가 시작되었다.

펭귄들이 올라온다는 안내원의 말이 떨어지고 캄캄한 밤바다 칠흑 같은 어둠 속에서 움직이는 첫 번째 펭귄이 눈에 띄기 시작하자, 그때부턴 추운지도 모르고 펭귄들 보는데 온 정신이 팔렸는데. 와!!! 똑같이 생긴 수많은 펭귄들이 바닷물에서 나오더니 털의 물기를 파르르 떨어내고 해변으로 올라오다가 서로의 가족을 기다려서 만나고 수다를 떨며 함께 집으로 걸어 올라가는 모습들을 본다는 것은 너무도 신기한 장관이 아닐 수 없었다.

둘 셋씩 혹은 열씩 자기 식구들을 기다리고 찾아서 무리지어 숙소가 있는 모래 언덕까지 그 먼 길을 쪼작쪼작 걸어가는데 그 모습은 경이로우면서도 안쓰럽고, 불쌍하면서도 우스꽝스럽고, 애처로우면서도 사랑스러웠다.

여기 저기 언덕 위에 있는 자기들의 보금자리 작은 굴을 찾아가는 것도 놀랍고 우리가 보기엔 똑같아 보이는데 자기 식구들이 올 때까지 한참을 기다려 마침내 찾아서 같이 가는 것도 얼마나 놀라운 일인지 상상초월의 진기묘기가 아닐 수 없다.

먼 길을 걸어 집에 가서도 애기꽃을 피우느라 거의 12시까지 잠도 안 잔다니 놀라운 하나님의 피조물이다.

그 많은 펭귄들이 떼로 몰려서 우리를 지나가는데 진짜로 펭귄들 수다소리 때문에 시끄러워 우리끼리 고함을 질러도 잘 들리지 않았다. 어쩌면 고 작은 몸통에서 그런 큰 목소리들이 나올까?

그렇게 캄캄한 밤에 자기 굴들을 찾아간 펭귄들은 다음날 새벽 아직 동도 트기 전 캄캄할 때 또 바다로 나간단다. 해가 떠서 밝아지면 독수리나 다른 동물들의 먹이가 될 수 있어 어두울 때 먼저 바다 속으로 들어가 있어야하기 때문이란다. 어머나! 그 쪼그만 것들이 그렇게나 눈물겹도록 힘겨운 삶을 매일매일 살아간단 말인가? 일요일이나 공휴일처럼 쉬는 날도 없을텐데. 햇볕도 못보고 낮엔 계속 바닷물 속에만 있다는 말인가? 겨울엔 얼마나 춥고 얼마나 숨이 찰까?

30센티 밖에 안 되는 작은 몸으로 하루 종일 바다에서 20㎞나 수영을 하며 작은 고기들을 잡아먹은 후 또 먼 길을 걸어서 집을 찾아간다는데 바닷물 속에서 얼마나 위험했는지 상어는 어떻게 피해 살아남았는지 그런 이야기들을 하느라 그런지 가족끼리 대화를 나누느라 잠도 제대로 많이 못자고 또 해 뜨기 전 바다로 나가고 그렇게 쳇바퀴 돌듯 바삐 돌아가는 것이 펭귄의 일생이라니. 아… 너무 가련하다. 그래도 씩씩하다.

부모 펭귄들은 집에서 기다리는 아기들을 위해 집으로 돌아오는 길에 입에다 고기를 넣고 온단다. 더욱 귀여운 것은 털이 복슬복슬한 아기 펭귄들이 기다림에 지쳐서 길 가까지 마중을 나오기도 하고, 어떨 땐 지나가는 모르는 펭귄들에게 먹을걸 달라고 조르기도 한다는 것. 우리도 그런 장면을 보았는데 털 복숭이 아기 펭귄 한 마리가 떼 지어 퍼레이드 중인 펭귄들의 길을 막고 서서 생선을 달라고 졸라 보는데 부모가 아닌 다른 펭귄들은 냉정하게 뿌리치고 자기 집을 향해 쪼로록 걸어갔다. 그도 그럴 것이 아기들은 누가 자기 부모인지 모르는데 부모들은 아기들을 냄새로 안다고 한다. 저러다가 혹시 부모가 상어에 잡혀먹고 끝끝내 안 돌아오면 어쩌지? 기다리던 아기 펭귄은 어쩌지?

그런 아기 펭귄 몇 마리만이라도 우리가 입양해서 데려가 편하게 먹여 살려주고 싶은 마음이 간절했다. 강아지 침대에 뉘여 재우고 수영장에다 생선을 사다 넣어주고 따듯한 집에서 함께 놀고 그냥 그렇게 편하게 살게 해주면 안될까? 관광객들을 위해 이렇게 긴 나무 길을 만들어 놓고 걸어가라고 하지 말고 펭귄들을 위한 컨베이어벨트(트레블레이터)라도 만들어준다면 얼마나 좋을까? 걷는 길이라도 좀 줄여서 바다 속에서 이미 피곤에 지쳤을 펭귄들을 좀 편하게 해준다면 얼마나 좋을까? 아닐까?

사진 촬영은 절대 금지라 우린 그 경이로운 광경을 보면서도 사진을 찍을 수 없어 아쉬워만 하였는데 마지막 순간 수도 없이 많은 펭귄들이 여기 저기 다른 루트로 올라오고 난장판이 되자 어떤 사람들은 마구 사진을 찍어댔다. 밤인데다 상당히 빨리 움직이는 펭귄들이라 제대로 나오는 사진들도 없을 것 같은데 사진기에서 나오는 플래시 라이트로 그 불쌍한 펭귄들을 또 괴롭히고 있는 야속한 사람들.

지나가는 한 떼의 펭귄들이 시끄럽게 떠들고 있었다.

"저 사람들은 뭐야? 규칙도 안 지키고 가는 길에 방해되게 비켜주지도 않고 불빛만 비추고… 아유 눈부셔. 빨리 집에 가야하는데…."

하루 종일 차가운 물속에서 무서운 상어 떼들을 피해 피곤하게 수영하며 물고기를 잡아먹고 또 잡아오는 펭귄들의 삶. 아가에게 줄 생선을 입안에 물고 서둘러 집까지 또 먼 길을 걸어가는 부모 펭귄들. 엄마 아빠를 애타게 기다리며 서성이고 있는 아기 펭귄들.

그 부산스럽고 고단한 모습들은 어쩌면 우리 인간들과 그렇게나 판박이인지….

전 도

"예수님 믿고 천국가세요." 이렇게 전도를 하면 "그래. 지옥가면 큰일 나지." 하면서 선뜻 받아들이는 사람은 드물고 "죽어서 가긴 어딜 가? 땅 속에서 썩는 거지." 이렇게 전도하는 사람을 머쓱하게 하는 사람이 대다수다.

내일 당장 죽을지도 모르면서 하나님 무시하고 살다가 지옥 갈까봐 안타까운 마음에 발을 동동 구른다.

요료법 전도도 마찬가지다. 제2차 세계 대전 당시 일본의 군의관이었던 나가오 료이치씨는 의약품이 없어 전염병이나 성병, 부상 등으로 군인들이 죽어가는 상황에서 최후의 수단으로 민간요법인 요료법을 시도하게 했고 그 신기한 효과에 깜짝 놀라게 되었다. 종전 후 의학박사가 된 나가오씨는 요료법을 적극적으로 연구 보급하게 되며 그 체험담을 모아 『기적을 일으키는 요료법』이라는 책을 발간한다. 건강 관련 잡지에 새로운 기사들을 기고하고 계시던 어머니는 1990년 이 책의 한국어 번역판을 출판하시고 요료법 모임을 결성하시게 되었다. 세월이 흐르며 많은 환자들이 요료법으로 건강을 되찾은 사례들을 보게 되었다.

그러니 어떤 사람이 병마와 싸우고 있다면 안타까운 마음에 살아날 수 있는 요료법을 권하게 된다. 하지만 받아들이는 사람들의 반응은 천자만태다. 예수님의 씨 뿌리는 비유 딱 그대로다.

한 부류는 길가에 떨어진 씨앗처럼 "에이 그런 말은 안 믿어요. 오줌은 배설물인데 더러워요." 하며 나쁜 말 들었다고 귀라도 씻어낼 태세라 말 꺼낸 입이 부끄러워진다.

두 번째 부류는 돌밭에 뿌려진 씨처럼 솔깃하여 몇 번 시도해 보지만 병이 절망적이지 않아서인지 병원에 뿌릴 돈이 많아서인지 흐지부지 잊어버리고 병원 문턱 닳도록 병마를 달고 산다.

세 번째 부류는 가시떨기에 떨어진 씨앗처럼 세상 사람들의 비웃음이 될까 하는 선입견이 마귀가 되어 "돈 없어도 된다고? 내가 돈이 없어 보이나? 나를 뭘로 보고 그런 걸 먹으래?" 하며 자기의 건강을 걱정해준 마음을 곡해하여 오히려 원수가 된 듯 피해 다니고 뒤에서 욕을 하는 사람들이다.

네 번째는 옥토 밭에 떨어진 씨처럼 요료법에 대해 듣자마자 열린 마음으로 받아들이고 해보겠다며 책을 받아가고 얼마 후엔 요료법을 열심히 해서 건강을 되찾는다. 여기서 그치지 않고 오히려 책을 더 얻어가서 다른 사람들에게 열심히 전해주기까지 하는 사람들도 많다.

한 가지 부류를 더 추가하자면, 분명 암환자였는데 다 나아서 잘 살고 있지만 요료법으로 나았다고는 절대 말하지는 않는 사람들. 어쩐지 그런 방법을 시도해보았다는 것이 창피해서 말하기가 부끄러운 모양이다. 그러나 음식점에서 마주치기라도 하면 반가운 얼굴로 다가와 공손히 인사를 하면서 음식 값을 다 내주고 가던지 과한 선물을 사온다던지 하는데 오랜 세월 어머니를 통해 이런 반응을 하는 사람들을 익히 보아왔기에 다 이해한다. 그들도 먼 미래 언젠가는 질병으로 고통 받는 사람을 보면 꼭 낫게 해주고 싶은 마음으로 자존심을 버리고 자기도 효과를 보았으니 꼭 해보라며 진심으로 요료법을 전하게 되기를 바란다.

어머니가 근 30년 전 『기적을 일으키는 요료법』이라는 책을 펴내셨을 때, 나와 꽤 친하던 사람들도 "왜 너희 어머닌 이상한 책을 내셔서 망신을 자초하시니?"라고 조롱하곤 했었다. 하지만 나는 우리 집과 십여 년 친분을 가지고 여러 가지 보험을 팔던 아주머니가 유방암 말기 판정을 받은 후, 병원에서 수술을 받고 입원중이면서도 의사 몰래 요료법을 하며 암을 이겨내고 건강해지신 걸 알기에, 그때 유방암 1, 2기로 함께 입원해 있던 사람들이 다 죽었는데도 말기였던 그분만 살아남은 기적을 알기에, 그 외에 너무 많은 사람들의 경험담을 잘 알기에 그러거나 말거나 웃어넘길 수 있었다. 그 후로 어머니는 체험자들의 후기나 계속 발견되는 오줌의 비밀스런 효능들에 대한 책을 여러 권 발간해오셨고 금년에 『요료법과 줄기세포』라는 책을 또 새로 출판하셨다. 최근 오줌에서 줄기세포가 배출되고 있다는 논문이 발표되었기 때문이다. 그간 어머니의 출판과 강의, 체험자들의 모임 등에 도움을 드렸던 나와 달리 의사인 동생은 계속 노코멘트로 일관해 오고 있었는데 의학계에서도 오줌에 줄기세포가 섞여서 배출된다는 무시하지 못할 연구가 발표되자 이제서야 "어머니가 선각자셨네요." 하면서 이번에 출판되는 책에 추천사까지 써 주었다.

어머니는 어딜 가시든 누굴 만나시든 요료법을 전하시느라 여념이 없으시다. 그동안 요료법 세계대회를 한국에서 뿐만 아니라 미국, 독일, 일본 등지에서도 열며 방송을 통해서도 많이 전하셨다. 어머니는 호주에 오실 때도 꼭 요료법 책을 챙겨 오시기에 나도 기회가 있으면 오래된 병으로 고생하는 사람들에게 책을 전해주고 요료법을 전한다.

몇 몇 권사님, 집사님들은 아토피 피부염이 낫거나 만성 편두통이 사라졌거나 다른 질환 등에 효과를 보고는 나보다 더 요료법의 열렬한 전도사가 되기도 하였다.

몇 년 전 기르던 강아지와 놀다가 다리를 긁혀 피가 나고 그 후로 염증이 심하게 악화된 적이 있었다. 약을 바르고 치료를 했는데 여름 날씨라 그런지 독이 들어갔는지 곪기 시작했다. 병원을 갔더니 다음 날 파상풍 검사를 하고 주사를 맞으라고 하였다. 파상풍 주사를 맞으면 힘들다는 얘기를 듣고 걱정을 하고 있는데 그날 저녁 요료법을 전했던 집사님을 우연히 만났더니 내 상처를 보고는 "집사님. 그냥 오줌 좀 발라 두면 금방 나을 걸 왜 그러고 계세요?" 하는 거였다. 아차… 하면서 그날 밤 솜에 오줌을 적셔 바르고 잤는데 아침에 일어나자 고름이 삭으며 상처가 꾸덕꾸덕 굳고 있었다. 그래서 그 힘들다는 파상풍 검사나 주사를 맞지 않고도 금방 나았다. 내가 가르쳐준 그 집사님이 나보다 열렬하게 요료법 전도사가 된 것이다.

그러나 아직도 몇 몇 암환자, 또 이런 저런 질병으로 늘 고통 속에 있는 사람들은, 진심으로 전했건만 귓등으로도 듣지 않고 피해 다니기도 한다. 어떤 마음인지 안다. 20년 전쯤 남편 친구의 어머니도 "죽으면 죽었지 그런 건 못 해." 하시다 얼마 후 당뇨병으로 돌아가셨다.

고맙게도 남편은 이런 수모를 당하고도 처음부터 순순히 장모님 말씀을 믿고 어딘가 아플 때마다 요료법을 열심히 해서 수술을 해야만 한다던 축농증도 고치고 고질병이던 다리의 습진도 고치고 다쳤을 때마다 상처가 쉽게 낫기도 하는 혜택을 보고 있다.

내가 책을 전하며 기도해주는 것은 진심으로 그 사람들이 건강을 되찾기를 바라기 때문이다. 나 같이 허약체질에 고질적인 위염과 류마티스로 고생하던 사람이 나이가 들수록 건강해지고, 천식과 피부염 등으로 고생하시던 어머니가 87세까지 아무 지병 없이 더 건강해지신 게 산 증거이기 때문에. 또한 한 달에 한 번씩 체험자들의 모임을 열고 계신 어머니를 통해 얼마나 다양한 병들이 치료되는지 들어왔고 보아왔기 때문에, 그리고 돈이 필요 없는 이 치료법으로 큰 병을 고친 사람들이 전 세계적으로 전국적으로 감사전화를 얼마나 많이 해오는지 알기 때문에, 나도 꼭 애정이 가는 사람들에게 요료법을 전한다.

어쩌면 요료법을 전하는 것은 예수님이 천국을 전하는 것과 매우 흡사하다. 부자 청년이 가진 재산 때문에 예수님의 말씀을 듣고도 좌절하며 떠났던 것처럼 돈이 많은 사람들은 일단 먼저 병원으로 달려가 값비싼 치료부터 받으려고 하기 때문에 듣고도 별 관심이 없다. 돈 없는 사람들은 병원 가기 힘들어 민간요법에 매달려 보는 것인데 감사하게도 진단이나 고액진료도 필요 없이 깨끗이 낫게 되니 그런 분들에게는 진실로 복음인 셈이다.

조금만 마음을 열어보지. 진심으로 걱정되어 전하는 말인데, 밑져야 본전인데, 돈도 안 드는 것인데. 줄기세포 치료를 하려면 억 소리 나는 돈을 들고 일본에 가서 치료를 받고 와야 한다는데, 돈 한 푼 안들이고 아무도 모르게 할 수 있는 요료법을, 왜 쉽고도 작은 시도를 외면하고 큰 돈 들이며 병마와 싸우는 큰 고통을 택하는 걸까?

마음만 열면 예수님도 우리 마음에 들어와 함께 해주시겠다고 하셨는데, 그 마음 하나를 열지 못해서 건강도 잃고 천국도 잃는 사람들을 보면 마음이 아프다.

이브 날의 양로원

12월 24일. 젊은 시절 한국에선 그저 다른 사람들 하는 대로 분위기에 들떠서 선물을 사고 카드를 쓰고 지인들에게 돌리느라 정신없었고 화이트 크리스마스 기분을 맛보려고 강추위에 덜덜 떨며 카드 그림처럼 화려한 거리를 배회하기도 했었다. 정작 뜻도 모르고 남들에게 등 떠밀려 왁자지껄 한 해에서 다음해로 넘어가던 그 시간들. 나이가 들고 그 의미를 가슴에 새겨보며 정성스레 크리스마스트리를 장식해 보던 시절도 잠시. 이 날이 정작 예수님이 탄생한 날이 아니며 로마의 태양절 숭배에서 유래한 전통이라는 것을 알게 되고 나서는 자기 생일 아닌 우상숭배의 날을 기뻐하며 상술에 휘둘려 산타클로스나 캐럴과 카드, 선물과 장식에 정신 팔려있는 자녀들을 보시며 슬퍼하실 예수님 생각에 가슴이 아프지만 나 한 사람이 분위기를 깨고 누구라도 실족시키는 일이 있어선 안 되겠기에 예쁘게 장식하던 트리와 장식품들을 몽땅 다른 사람에게 넘겨주고 근

신하며 거룩한 크리스마스를 보내려고 노력하고 있다.

아무 생각 없이 남들 따라 우르르 몰려다니며 성탄절이라고 춤추며 노래하고 있는 것을 보면 우리가 정말 눈이 나빠 길은 못 보고 앞 양의 엉덩이만 보며 쫓아다니는 양들이구나 싶다.

다행히도 내가 다니는 교회에선 24일 이브 날 근처의 호주 양로원을 찾아 위문공연을 했다. 힘든 이웃을 위해 사랑을 나누는 일이니 이런 것은 예수님도 기뻐하시겠지.

지나치며 다닐 땐 그저 아담하고 조용한 양로원인 줄 알았던 베다니 양로원은 직접 안으로 들어가고 보니 규모가 어마어마하였다. 리셉션에는 다국적 젊은이들이 같은 유니폼을 입고 노인들을 친절하게 돌보고 있었고 잔디와 아름다운 정원 사이사이에는 본 건물과 별개로 노인 부부들이 살고 있는 개별 주택이 50채나 함께 있었다. 호주의 건물들은 어디나 겉에서 보기는 작고 평범해 보여도 들어가 보면 상당히 넓고 깨끗하고 멋지게 꾸며져 있다. 마음 같아서는 공원을 산책하듯 여기저기를 다 구경하고 싶었지만 오늘은 공연단을 도와주러온 신분이니 눈동자만 바쁘게 굴리며 아름다운 전경을 훑어볼 뿐이다.

이번에는 남편과 아들이 다른 분들과 함께 남성중창을 하고 아들은 오케스트라 멤버들과 현악 5중주도 하였다. 이외에도 한국무용과 수화 찬양, 바이올린 독주, 합창 등으로 꽤 다채로운 공연, 뜻깊은 시간이 되었다. 호주는 장수국가라 양로원에 계신 분들은 거의 90세 전후의 고령들이신데. 도우미들은 휠체어뿐 아니라 침대에 누워 계신 분들까지 큰 홀로 모시고 나왔다. 전신마비가 아닐까 싶게 보였던 침대에 누운 할머니가 음악이 나올 때마다 두 손과 두 발을 휘저으며 박자를 맞춰 호응해주시는 모습에 눈물이 났다. 한 할아버지도 침대에 누워 자고 계신 것 같았는데 자세히 보니 눈은 감고 계셨지만 노래가 나올 때마다 입술을 오물오물 움직이며 따라 부르시고 계셨다. 남성중창인 '널 위해 기도하네'가 끝나기도 전에 박수를 치시는 노인들, 이렇게 연세가 많으신 분들이 과연 합창을 따라 부르실까 싶었는데 열심히 함께 따라 부르시는 모습을 보면서 꼭 크리스마스이브가 아니더라도 자주 이런 공연을 해드리면 얼마나 좋을까 싶었다. 재능이 있는 분들은 이렇게 사랑을 기부할 수 있어서 참 좋겠다. 재능이 좀 부족한 나는 노력 봉사로.

봉사를 받는 자리에 언제 어떤 모습으로 가 있을지 모르겠지만 그때까지 이런 자리를 열심히 지켜 나가는 게 기쁨이다. 진정한 성탄절의 의미를 되새기는 날이 되어서 감사하다.